Verena Zeltner

Baumkind Traumkind Sternenkind

Verena Zeltner

Baumkind Traumkind Sternenkind

Turmhut

Bibliografische Information Der Deutschen Bibliothek
Die Deutsche Bibliothek verzeichnet diese Publikation
in der Deutschen Nationalbibliografie;
detaillierte bibliografische Daten sind im Internet
über http://dnb.ddb.de abrufbar

ISBN 978-3-936084-91-7

Umschlagbild: Irmen Noering
Satz: Medienservice Feiß, Burgwitz
Gesamtherstellung: Digital Print Group, Nürnberg

Zweite Auflage 2011

Kontakt:
Turmhut-Verlag, Sylvie Kohl
Eichenweg 8, 97640 Stockheim
Tel./Fax: 09776/6935
admin@turmhut.de
www.turmhut.de

Printed in Germany

Vorwort

Es gibt wahre Geschichten und solche, die von Dichtern erdacht wurden. Und dann gibt es Geschichten, von denen man nicht genau weiß, was an ihnen Phantasie ist und was Wirklichkeit…

Irgendwo auf dieser Welt, weit abseits von den Wegen der Menschen, lag zwischen den Gipfeln eines mächtigen Gebirges und der endlosen roten Wüste ein weites grünes Tal. Über diesem Tal schien jeden Tag die Sonne. Und jeden Tag um die Mittagszeit, wenn die Luft vor Hitze flimmerte, zogen vom Horizont her dunkle Regenwolken heran. Sie kamen nur langsam voran, denn sie trugen schwer an ihrer Last – zu schwer, um über das Gebirge hinweg zu kommen. Deshalb öffneten sie ihre Schleusen und schenkten dem Tal all ihren Regen. Nun konnten sie mit Leichtigkeit über die Berge fliegen. Oftmals ließen sie als Abschiedsgruß einen Regenbogen zurück, der sich weit über den Himmel spannte. Im grünen Tal aber wuchs und gedieh alles wie von Zauberhand.

In der Mitte des Tales stand ein wunderbarer Baum, ein Baum, wie es nirgendwo sonst einen gab. Die Tiere erzählten sich, er sei schon immer da gewesen, er sei so alt wie die Welt. Und wenn etwas auf der Welt vollkommen war, so war es dieser Baum – in seiner Größe, seiner Kraft und seiner Schönheit.

Die Wurzeln, die ihn hielten, reichten unendlich tief in den Boden hinab, fast bis zum Herzen der Erde. Sein Stamm hatte gewaltige Ausmaße und verbarg in seinem Inneren ein wahres Labyrinth von Höhlen.

Das schönste an dem Baum aber war sein Blätterkleid. Dicht gewebt, aus sattem dunklem Grün, breitete es sich wie ein schützendes Dach über das Tal. Und irgendwo sehr weit oben, in unendlichen luftigen Höhen, war das Grün der Blätter mit dem Blau des Himmels verwoben.

Tausende Vögel lebten in des Baumes Blätterwald. Sie waren ihm sehr ans Herz gewachsen, weil sie ihn jeden Morgen schon vor Sonnenaufgang mit ihrem Gesang erfreuten. Aber er freute sich auch an den unzähligen anderen Tieren, die im Tal lebten. Obwohl sie alles, was sie brauchten, in Hülle und Fülle fanden, schenkte er ihnen von den Früchten, die an seinen Zweigen wuchsen; sie waren köstlich und wohlschmeckend, und die Tiere labten sich an ihnen.

Einem jeden, der danach suchte, bot der Baum Schutz und Zuflucht. Nach einem ungeschriebenen Gesetz durfte unter seinem grünen Dach kein Tier einem anderen etwas zuleide tun. Es war noch niemals vorgekommen, dass eines dieses Gesetz gebrochen hätte.

Der Baum hatte einen besonders guten Freund: den Vogel Nininja. Mit seinen starken Schwingen, seinem goldenen Schnabel und seinem schimmernden dunkelblauen Gefieder war er schön wie eine Sommernacht.

Nininja war in der ganzen Welt zu Hause. Von Zeit zu Zeit aber kam er bei seinem Freund im grünen Tal vorbei, um sich auszuruhen und ein paar Tage bei ihm zu verweilen. Dann erzählte er ihm, was in der großen weiten Welt vor sich ging, was er auf seinen Reisen gesehen und erlebt hatte. Der Baum lauschte seinen Erzählungen, und manchmal bedauerte er es ein wenig, dass er nicht fliegen konnte wie sein schöner Freund, dass seine Wurzeln ihn am Boden festhielten. Dann tröstete ihn Nininja und sagte: „Selbst wenn du statt deiner Wurzeln Flügel hättest, könntest du nicht weg von hier. Was wäre das grüne Tal ohne dich! Und bedenke: Was sollten die Tiere im Sommer ohne dich beginnen!"

Der Vogel hatte Recht. Wenn die Sommermonate ins Land kamen, blieben die Regenwolken aus. Ein heißer Wind brachte eine schier unerträgliche Hitze ins Tal. So heiß war es, dass jeder Tropfen Wasser in der Luft verdunstete, das Gras verbrannte und die Luft zu glühen schien. Dann strömten die Tiere in Scharen herbei und suchten Schutz im Schatten des wunderbaren Baumes.

Der neigte seine Zweige bis zum Erdboden hernieder und legte sein dichtes Blätterkleid wie einen schützenden Mantel um sie. So konnte ihnen die sengende Sonne nichts anhaben. Mit den Früchten des Baumes aber stillten sie ihren Durst.

Es gab aber einen kleinen See im grünen Tal, in dem viele Fische lebten. Die konnte der Baum nicht beschützen. Wenn es denn gar zu arg wurde mit der Hitze und der See auszutrocknen drohte, machte sich Nininja auf den Weg, um nach Modjadij, der Regenkönigin, zu suchen. Er erzählte ihr von der Not der Tiere und bat sie um Regen für das grüne Tal.

Die Regenkönigin ließ sich nicht lange bitten. Sie schickte große graue Wolkenschiffe auf die Reise, die dem Tal Regen brachten und die Erde zu neuem Leben erweckten.

Nun hatte alle Not ein Ende, und das Leben im grünen Tal war wieder eine einzige Freude. Es war an der Zeit, dass der Baum seine Knospen öffnete. Er trug kleine unscheinbare weiße Blüten, doch deren Duft erfüllte das ganze Tal.

1. Teil

Saratah

1.

Eines schönen Tages kehrte der Vogel Nininja wieder im grünen Tal ein, um seinen Freund zu besuchen. Doch dieses Mal kam er nicht allein. Auf seinem Rücken saß ein kleines Kind mit dunkler Haut und schwarzem Haar. Sein Gesicht war tränenverschmiert. Die dünnen Ärmchen hatte es fest um den Hals des Vogels geschlungen.

„Wir sind da, Saratah", sagte Nininja zu dem Kind und setzte es am Fuße des Baumes ab.

Erstaunt schüttelte der Baum sein Blätterdach und fragte: „Wen hast du da mitgebracht, mein Freund?"

„Ein Menschenkind, ein kleines Mädchen. Ich fand es am Rande des Tales, dort, wo die rote Wüste beginnt, mutterseelenallein und verlassen. Schau es dir an, es ist völlig hilflos; kaum dass es allein auf seinen Füßen stehen kann… Ich sah schon die Geier am Himmel über ihm kreisen. Ich jagte sie davon, doch ich wusste, dass sie zurückkehren würden. So habe ich das Kind mit mir genommen. Ich dachte, du wüsstest vielleicht einen Rat."

Der Baum betrachtete das Menschenjunge. Er sah, dass es durstig und hungrig war, und so schenkte er ihm von seinen Früchten. Das Kind aß sie gierig davon.

„Iss nur, iss", sagte Nininja. Und zu seinem Freund sagte er: „Das Mädchen heißt Saratah. Das ist das einzige Wort, das es sagen kann."

11

„So", erwiderte der Baum, „Saratah heißt es…" Und er schaute zu, wie das Kind aß, bis es seinen Hunger und seinen Durst gestillt hatte.

Er dachte lange nach. Nininja ließ ihn gewähren und störte ihn nicht. Nur einmal sagte er: „Wenn wir dem Kind nicht helfen, ist es verloren. Ich wüsste nicht, wohin ich es sonst bringen sollte."

Der Baum wusste, dass Nininja Recht hatte. Er kannte einiges von dem Leben draußen in der Welt. Aber ein kleines Menschenkind, hier im grünen Tal… Er wiegte sein Haupt hin und her und wollte zu bedenken geben, dass er nicht wisse, was man mit einem solch kleinen Wesen anstellen solle. Und er wollte sagen, dass das, was Nininja von ihm erhoffte, wirklich ganz und gar unmöglich sei. Er suchte nach den richtigen Worten, um ihn nicht zu verletzen.

Doch Nininja kannte seinen Freund so gut, dass er ahnte, was in ihm vorging. Ehe der seine Bedenken vorbringen konnte, sprach er zu ihm: „Alles, was so ein kleines Menschenkind nötig hat, könntest du ihm geben. Bei dir brauchte Saratah weder Hunger noch Durst zu leiden, und unter deinem kühlen Dach wäre sie geschützt vor der sengenden Sonne. Niemand wird ihr hier etwas zu Leide tun, und du könntest sie alles lehren, was sie für das Leben braucht. Und dann noch eines, mein Freund: Bist du nicht auch oft allein?"

Der Baum seufzte und antwortete: „Was du da sagst, Nininja, klingt alles recht schön, aber…"

Er konnte den Satz nicht zu Ende sprechen, denn in diesem Moment öffnete das Kind seinen Mund und sagte: „Oana". Es sah ihn an mit einem Lächeln, das all seine Bedenken dahinschmelzen ließ. Er konnte sich nicht wehren gegen dieses Lächeln und gegen den Blick der großen dunklen Kinderaugen; er konnte nicht anders als dieses fremde Menschenkind lieben. Und als das kleine Mädchen sich jetzt etwas unsicher auf seine Füße stellte und seine schmächtigen Ärmchen nach ihm ausstreckte, umfing er es behutsam mit seinen Blätterarmen und hielt es fest.

Von diesem Tage an hatte der Baum nun einen Namen: Oana. Und bald wurde er von allen, die im grünen Tal lebten, so genannt.

2.

Jahre waren ins Land gegangen. Das Mädchen Saratah, das Nininja einst auf seinem Rücken ins grüne Tal getragen hatte, war herangewachsen. Nichts erinnerte nun mehr an das hilflose Menschenkind von einst, das vor Hunger und Durst fast umgekommen wäre.

All die Jahre über hatte sich der wunderbare Baum um das Kind gekümmert. Er hatte es ernährt und umsorgt und es in seiner Krone getragen. Vor allen Gefahren hatte er es beschützt und es alles gelehrt, was es wissen musste. Und jeden Abend hatte er ihm ein Lied zur Nacht gesungen und es in den Schlaf gewiegt.

All die Jahre über war auch der Vogel mit dem dunkelblauen Gefieder und dem goldenen Schnabel zu Gast im grünen Tal gewesen. Viel öfter als früher war er hier eingekehrt. Von Nininja erfuhr Saratah von der großen weiten Welt, aus der sie gekommen war. Er erzählte ihr von fernen Ländern und den Ozeanen, von großen Städten, vom Reichtum und der Armut der Menschen und den Kriegen, die sie führten. Er erzählte von hohen Bergen, gewaltigen Flüssen und endlosen Wäldern.

Saratah hatte tausend Fragen. Am meisten beschäftigte sie das, was Nininja vom Leben der Menschen in den Städten zu erzählen wusste. Häuser und Fabriken, Geschäfte und Restaurants, Autos und Straßenbahnen, Straßen voller Licht und Lärm, Menschen, die es immer eilig hatten… Das alles konnte sie sich nur schwer vorstellen.

Nininja beantwortete ihre Fragen geduldig. Aber auch der Baum hörte ihren Gesprächen aufmerksam zu. Eines Tages fragte er Saratah, ob sie nicht Lust hätte, das alles selbst kennen zu lernen.

„Nininja könnte dich zu den Menschen bringen, wenn du willst", sagte er und gab sich alle Mühe, das Zittern in seiner Stimme zu verbergen.

Saratah aber lachte und schüttelte den Kopf. „Niemals werde ich dich verlassen, niemals gehe ich fort von hier."

Sie hatte kein Verlangen nach der Welt da draußen. Sie liebte den wunderbaren Baum, der ihr Vater und Mutter zugleich war, über alles. Sie liebte jedes Blatt an ihm. Jedes Jahr zu der Zeit, wenn er seine weißen Blüten trug, hatte das Mädchen an einer bestimmten Stelle eine Kerbe in seine Rinde geritzt. Elf Kerben trug der Baum, daher wusste Saratah, dass sie schon elf Jahre Oanas Tochter war. Das grüne Tal war ihre Heimat, ihr Leben. Sie hätte sich nicht vorstellen können, irgendwo anders zu sein. Sie war mit den Tieren, die hier lebten, groß geworden und verstand ihre Sprache. „Baumkind" wurde sie von ihnen genannt. Niemals hätte eines ihr auch nur ein Haar gekrümmt.

Aber nicht nur mit den Tieren konnte Saratah sprechen. Sie redete auch mit den Pflanzen und den Steinen, mit den Wolken und dem Wind. Alles, was lebte, war ihr lieb und vertraut, und sie hatte nur glückliche Tage.

Jeden Morgen in aller Frühe weckten sie die Vögel mit ihrem Gesang. Dann rieb sie sich den Schlaf aus den Augen und kletterte hoch hinauf, um zuzuschauen, wie aus der Morgendämmerung ein neuer Tag geboren wurde.

„Wirst du nicht müde, dir das jeden Morgen anzusehen?", fragte sie der Baum eines Tages.

„Aber nein, niemals! Ich staune immer wieder, dass es so etwas gibt: Einen ganzen Himmel voller Gold, und mittendrin die feuerrote Sonne! Es ist so schön, dass man es kaum aushalten kann", sagte Saratah und atmete tief ein. „Meinst du nicht auch, Oana?" Sie legte ihr Gesicht an die warme Rinde des Baumes und lächelte.

„Du hast Recht, mein Kind. Jeder neue Morgen ist wie ein Geschenk, wie ein kleines Wunder", antwortete der Baum.

Die langen sonnigen Vormittage gehörten ihnen ganz allein. Sie führten ausgiebige Gespräche über mancherlei Dinge, und stets hatte Saratah Fragen über Fragen, die der Baum geduldig beantwortete.

Manchmal legte sie sich auch nur einfach lang ins Gras und betrachtete das dichte grüne Dach über sich. Sie sah, wie hier und da helle Sonnenstrahlen zwischen den Blättern aufleuchteten, wie goldene Funken hin- und hertanzten und geheimnisvolle Lichter in den Blätterwald zauberten, und sie blinzelte ihnen fröhlich zu.

Manchmal saß sie auch nur still da und dachte nach. Sie dachte nach über das, was Nininja von der Welt erzählte und über ihr Leben im grünen Tal. Und sie war sich sehr sicher, dass sie diesen Ort niemals verlassen würde.

Wenn zur Mittagszeit die ersten Wolken am Horizont auftauchten, trat Saratah aus dem kühlen Schatten des Baumes heraus und breitete ihre Arme weit aus, um den Regen zu begrüßen. Und wenn es dann endlich regnete und sich ein Regenbogen am Himmel zeigte, tanzte sie vor Freude einen wilden Tanz.

Auch der Baum streckte dann seine Zweige weit hinaus und genoss das erfrischende Nass. Er sah dem tanzenden Kind zu. Dabei kam ihm so manches Mal in den Sinn, dass er noch nie in seinem langen Leben so glücklich gewesen war wie jetzt mit Saratah. Und in Gedanken dankte er seinem Freund Nininja für dieses Geschenk.

Wenn sich die Regenwolken verzogen hatten, lief das Baumkind ins Tal hinein, zum See, zu den Tieren. Jetzt begannen herrliche Stunden: Spielen, Toben und Baden. Saratah brauchte nur einen Fuß ins Wasser zu setzen – schon kamen die Fische herbei geschwommen, um sie zu begrüßen. Das Wasser war blau wie der Himmel und so klar, dass man bis tief auf den Grund hinabschauen und jedes Steinchen da unten erkennen konnte, und Saratah tauchte oft weit hinab.

Wieder an Land, kletterte sie auf den Rücken der Elefanten herum. Die trugen sie spazieren und schaukelten sie auf ihren Rüsseln hin und her. Oder sie bespritzten das Mädchen mit Wasser, bis es vor Freude laut kreischte.

Saratah liebte alle Tiere: die Zebras, auf deren Rücken sie so schnell dahinflog, dass ihr langes Haar im Wind flatterte; die Tiger und Löwen, die ihr erlaubten, mit ihren Babys zu spielen; die Giraffen, die beim Erzählen ihre langen Hälse zu ihr hinab neigten; die scheuen Antilopen, die sich von ihr streicheln ließen; die bunten Papageien, die stets alle Neuigkeiten wussten; die Schlangen mit ihrer prächtig gemusterten Haut, die sich wohlig in der Nachmittagssonne räkelten, und nicht zuletzt die wunderschönen weißen Flamingos.

Manchmal aber wollte Saratah auch nur ein Weilchen still für sich am Ufer des Sees liegen, die warme Erde unter sich und die Sonne auf ihrer Haut spüren, den Duft des Wassers einatmen und sich ihr Haar vom Wind streicheln lassen.

3.

Wenn der Abend kam und die Dämmerung, hatte Saratah es eilig. Sie wusste, dass der Baum auf sie wartete und freute sich, nach Hause zu kommen. Sie erzählte ihm von ihrem Nachmittag, und dann lauschten sie beide dem Nachtlied der Vögel. Manchmal sang Saratah mit ihnen oder spielte auf der kleinen Flöte, die sie sich selbst geschnitzt hatte. Dabei schaute sie zu, wie der Tag Abschied nahm. Mit dem Abendrot kam die samtblaue Nacht. Sie brachte den Mond und die Sterne mit und einen leisen Windhauch, der die Hitze des Tages in eine angenehme Kühle verwandelte.

Wenn die meisten Tiere sich längst zur Ruhe gelegt hatten, saß das Baumkind noch immer auf seinem Ast und betrachtete den Nachthimmel.

So manches Mal gesellte sich auch der Abendwind zu ihnen. Er liebte es, neben Saratah zu sitzen. Genau wie Nininja konnte er manch Interessantes aus der weiten Welt erzählen, und das Mädchen hörte ihm gern zu.

Oft saßen sie auch nur schweigend da und betrachteten gemeinsam den Sternenhimmel.

Der Baum hatte Saratah die Namen der Sterne gelehrt. Gar zu gern hätte sie sich mit ihnen oder mit dem silbernen Mond unterhalten. Sie versuchte so manches Mal, mit ihnen zu sprechen, bekam aber nie eine Antwort.

„Ich wünschte mir so sehr, dass der Mond und die Sterne meine Freunde wären! Warum nur mögen sie mich nicht?", beklagte sie sich eines Abends.

„Wie kommst du darauf, Baumkind, dass sie dich nicht mögen? Schau, sie sind so unendlich weit von uns entfernt – viel zu weit, als dass sie mit dir sprechen könnten. Doch wenn du genau hinsiehst, kannst du erkennen, wie sie dir zuwinken", antwortete der Abendwind.

Das Mädchen strengte seine Augen an und konnte tatsächlich sehen, wie der eine oder andere Stern blinkte und winkte. Da war es getröstet. Und als Nininja das nächste Mal vorbeischaute und sie des Abends zusammen den Sternenhimmel betrachteten, sagte es zu dem Vogel: „Es ist wirklich zu schade, dass die Sterne so weit weg sind! Sie hätten bestimmt viel zu erzählen. Siehst du den großen Stern dort drüben, Nininja? Ich glaube, er winkt uns zu."

„Das tut er, ich kann es sehen", erwiderte der Vogel.

Saratah fuhr fort: „Gerade am Abend muss ich manchmal darüber nachdenken, weshalb die Welt so schön ist und wer sie so schön gemacht hat. Du kommst doch überall herum, du weißt es bestimmt, Nininja."

Der blaue Vogel überlegte ein Weilchen und meinte schließlich: „Über diese Frage streiten die Gelehrten und die Mächtigen dieser Welt seit Tausenden von Jahren, ohne sich jemals einig zu werden. Sogar Kriege wurden schon aus diesem Grund geführt."

„Was für eine Dummheit!", unterbrach ihn Saratah.

„Da hast du Recht – was für eine Dummheit!", sagte Nininja und seufzte. „Weißt du, was ich glaube? Ich glaube, dass die Welt uns zur Freude geschaffen wurde. Ja, ich bin ziemlich sicher, sie ist deshalb so schön, damit wir uns an ihr freuen können."

„Damit wir uns an ihr freuen – das hast du gut gesagt", erwiderte Saratah. „Ich freue mich ganz bestimmt an ihr. Jeden Tag freue ich mich, hier zu sein. Ach, wie ich unser schönes Tal liebe! Hier kann man doch gar nichts anders als glücklich sein! Meinst du nicht auch?"

Ehe Nininja etwas erwidern konnte, fuhr sie fort: „Ich frage mich manchmal, wozu man Häuser aus Stein braucht und Straßen und Autos. Ich frage mich, wozu man Geld braucht und all die Dinge, die man eigentlich nicht braucht… Du hast es mir erklärt, Nininja, aber ich glaube nicht, dass ich das je verstehen werde."

Nininja dachte bei sich, dass es der Welt guttäte, wenn viele Menschen so denken würden wie Saratah. Und weiter dachte er, wie gut es war, dass sie nichts wusste von den Abgründen dieser Welt. Genau wie der Baum liebte er dieses Kind über alle Maßen. Und genau wie der Baum würde er alles tun, um es sein Leben lang zu beschützen und zu behüten.

Weil Nininja so in Gedanken versunken war und nicht gleich antwortete, sagte der Baum an seiner Stelle: „Es kommt nicht darauf an, alles zu verstehen, mein liebes Kind. Man muss nur die Welt und das Leben lieben, um glücklich zu werden."

In diesem Moment fiel ein ganzer Schwarm von Sternschnuppen hernieder. „Seht nur!", rief Saratah. „Seht nur, wie die Sternschnuppen fliegen! Sie kommen herab zur Erde! Wenn ich doch nur eine von ihnen einfangen könnte, eine einzige…"

„Was würdest du dann tun?", fragte der Baum.

„Ich würde ihr unser Tal zeigen und all meine Freunde. Und ich würde endlich erfahren, wie es da oben im Himmel ist, ob es dort auch grüne Wiesen gibt und Blumen und Bäume und so viele Tiere wie hier auf der Erde…"

Sie gähnte herzhaft und sagte: „Heute Abend bin ich zu müde, aber morgen – morgen Abend werde ich mir gewiss eine Sternschnuppe fangen." Und über dem Schlaflied, das der Baum und der blaue Vogel ihr sangen, fielen ihr die Augen zu. Mit einem Lächeln auf den Lippen schlief sie ein.

„Wovon sie wohl träumen wird?", überlegte der Baum und deckte sie behutsam mit seinen Zweigen zu.

Nininja antwortete: „Nun, vielleicht von den Sternen – oder von einem schönen neuen Tag…"

4.

Seit geraumer Zeit schon spürte der wunderbare Baum, dass sich etwas veränderte auf der Welt. Er konnte es fühlen, dieses unsichtbare, namenlose Etwas, das auf das grüne Tal und auf ihn zukam. Was es war, wusste er jedoch nicht, dazu war es noch zu weit entfernt. Aber er spürte, dass es unaufhaltsam näher rückte, und es machte ihn unruhig.

Er hatte mit Nininja darüber gesprochen und ihn gebeten, die Augen offen zu halten, wenn er durch die Welt flog. Doch Nininja war zurückgekommen und hatte berichtet, dass ihm nichts Außergewöhnliches aufgefallen war.

„Trotzdem wird sich irgend etwas ereignen, und es wäre gut, wenn wir wüssten, was das ist", sagte Oana.

„Bist du sicher?", fragte Nininja.

Der Baum antwortete: „Ja, ich bin mir sicher. Es gibt verschiedene Zeichen, aber ich kann sie nicht deuten. Jedenfalls noch nicht. So bleibt uns nichts anderes als zu warten, mein Freund."

Als der Vogel bald darauf wieder kam, sagte er zu ihm: „Die Zeichen werden deutlicher. Im Innern der Erde tut sich etwas, ich kann es mit meinen Wurzeln fühlen. Und auch droben in den Lüften, ich kann es mit meinen Zweigen fühlen. Aber noch immer weiß ich nicht, was es ist."

Abermals sandte er Nininja in die Welt hinaus. Es dauerte eine ganze Woche, bis er zurückkehrte. „Du hattest Recht", sagte er zu Oana. „Die Welt da draußen verändert sich. Es gibt kaum noch Regen, und die Menschen machen sich Sorgen, weil immer mehr Bäume sterben. Doch wie groß die Gefahr in Wirklichkeit ist, ahnen sie nicht."

Der Baum dachte lange nach. Schließlich sagte er: „Es gibt da eine alte Geschichte, die mehr als tausend Jahre alt ist. Es ist die Geschichte von Untu Ulu, einem unheimlichen Wesen, das im Inneren der Erde heranwächst. Es ernährt sich von nichts anderem als von Erde und Steinen. Eines Tages, so heißt es, wenn es groß und kräftig genug ist, wird es ans Tageslicht heraufkommen. Ganze Berge wird es dann mit einem Mal verschlingen. Nichts und niemand kann sich ihm dann in den Weg stellen, denn es ist ungeheuer stark, und sein Herz ist so heiß wie Feuer."

Nininja warf ein: „Das klingt wie ein Märchen. Es wird doch etwas geben, was dieses Ungeheuer aufhalten kann!"

„Ja", antwortete der Baum, „es gibt etwas: Das Wasser. Sein Körper ist aus nichts weiter als aus Erde geformt, und schon ein starker Regenguss könnte das glühende Herz des Ungeheuers auslöschen und seinen Körper zerfließen lassen."

Nininja war erleichtert. „Ein Ungeheuer also, dass man ganz einfach mit Wasser vernichten kann. – Doch sprich: Weshalb erzählst du mir diese alte Geschichte?"

„Nicht von ungefähr, mein Freund. Es ist nicht irgend eine Geschichte. Sie ist Wirklichkeit geworden, hier und jetzt. Ich spüre, dass Untu Ulu die Erde betreten hat. Irgendwann wird es sie verschlingen mit allem, was darauf lebt. Das einzige, was das Ungeheuer fürchtet, ist Wasser: das Wasser der Meere und der Seen, der Flüsse und der Bäche. Weil diese aber alle, genau wie wir, vom Regen leben, wird Untu Ulu erst einmal dafür sorgen, dass kein Regen mehr fällt."

„Den Regen aufhalten? Das ist unmöglich, das kann niemand auf der ganzen Welt", erwiderte Nininja.

„Dieser Unhold schon", sagte der Baum. „Finde heraus, wo er ist und was er tut, wenn du wieder in die Welt hinausfliegst."

Dieses Mal war der Vogel einen ganzen Monat unterwegs. „Ich wollte es nicht glauben, aber du hattest Recht", sagte er, als er zurückkam. „Untu Ulu will den Regen aus der Welt schaffen. Es hat die Regenkönigin Modjadij in seine Gewalt gebracht und hält sie an einem geheimen Ort gefangen. Ihr Bruder, der Herr aller Winde, und ihre Schwestern, die weißen Morgennebel, suchen auf der ganzen Welt verzweifelt nach ihr. Ich habe mit ihnen gesprochen; nicht die geringste Spur haben sie bis jetzt gefunden."

„Das habe ich befürchtet", sagte Oana.

Der Vogel fügte hinzu: „Da ist noch etwas. Ich habe Untu Ulu gesehen. Es ähnelt einem dicken braunen Erdklumpen, der von Tag zu Tag wächst. Einem schrecklich hässlichen Erdklumpen mit rot glühenden Augen."

„Wo hast du das Ungeheuer gesehen?", fragte der Baum.

„Weit, weit weg von hier, fast am anderen Ende der Welt."

„Nun, die Entfernung hat nichts zu bedeuten", antwortete der Baum. „Selbst hier im Tal können wir Untu Ulu schon spüren. Immer weniger Wolken ziehen vorbei, und der Regen fällt nur noch spärlich. Seit Wochen schon liegt morgens kaum noch Tau auf dem Gras. Die große Wüste am Rande unseres Tales beginnt sich breit zu machen. Aber das alles ist erst der Anfang."

„Der Anfang wovon?", wollte der Vogel wissen. „Sag mir, was geschehen wird."

Der Baum antwortete: „Es hat schon begonnen, Nininja. Ohne die Regenkönigin wird es in nicht allzu langer Zeit keinen Regen mehr geben. Die rote Wüste wird unser grünes Tal verschlingen. Nicht heute und nicht morgen, aber irgendwann…"

Nininja schüttelte den Kopf. „Das darf nicht geschehen, mein Freund, niemals. Ich werde herausfinden, wo Untu Ulu die Regenkönigin versteckt hält."

„Vielleicht ist es vergebliche Liebesmüh, Nininja", sagte der Baum. „Ich weiß nicht, ob es noch Hoffnung gibt."

„Hoffen muss man immer", erwiderte der Vogel. „Hör zu: Auf meiner Reise hatte ich einen Traum. Ich träumte von drei Kindern. Sie sagten zu mir: ‚Wir sind ausgezogen, die Welt zu retten.' Eines der Kinder hatte goldenes Haar."

Der Baum antwortete nicht darauf, sondern sagte: „Noch eines, bevor du dich auf den Weg machst: Ich möchte nicht, dass Saratah davon erfährt. Versprich mir, dass du ihr nichts von dem erzählst, was wir besprochen haben."

Nininja versprach es. Weder er noch der Baum hatten bemerkt, dass das Mädchen früher als sonst nach Hause gekommen war und ihr Gespräch mit angehört hatte.

5.

Saratah hatte sich ganz klein und dünn gemacht und den Atem angehalten, so gut es ging. Kein Wort von dem, was der Baum und der Vogel sich erzählten, war ihr entgangen. Nun stand sie da wie erstarrt. Ihre Gedanken wirbelten wild durcheinander. Doch immer wieder klang ihr Nininjas Satz in den Ohren: „Hoffen muss man immer."

Sie schlief kaum in dieser Nacht. Als die Sonne am Morgen aufging, wusste sie immer noch nicht, was geschehen sollte – sie wusste nur, dass sie etwas tun musste. Sie versuchte, sich nichts anmerken zu lassen. Sie tanzte mit dem Regen, spielte mit den Tieren, sang mit den Vögeln, aber so fröhlich wie sonst konnte sie nicht sein. Der Baum merkte es wohl und fragte sie, aber sie erzählte ihm irgendeine Geschichte von einer kleinen Traurigkeit.

Tage vergingen. Immerzu musste Saratah an das Gespräch denken, das sie heimlich belauscht hatte. Das grüne Tal mit dem wunderbaren Baum und all den Tieren durfte nicht sterben, soviel stand fest.

Eines Morgens endlich begann sie, in den Ästen des Baumes hinaufzuklettern. Sie stieg höher und höher empor, so hoch, wie sie noch nie gewesen war.

„Was suchst du so hoch da oben?", fragte der Baum. „Willst du heute nicht hinab zum See? Die Tiere werden dich vermissen."

Aber Saratah antwortete nicht. Sie kletterte weiter und weiter. Als die Nacht hereinbrach, legte sie sich zur Ruhe; sie war rechtschaffen müde, und so fielen ihr sofort die Augen zu. Doch mit dem ersten Sonnenstrahl war sie wach und machte sich erneut auf den Weg nach oben. Der Baum fragte nicht mehr und ließ sie gewähren.

Als die Sonne zum zweiten Mal unterging, war Saratah dort angekommen, wo sie noch niemals gewesen war: an der Stelle, an der die grünen Zweige des Baumes und das Blau des Himmels miteinander verschmolzen.

Wieder war sie erschöpft und schlief rasch ein. Sie schlief tief und fest, und der Baum hielt sie sicher in seinen Armen. Sie schlief so lange, bis sie die Vögel in der Frühe mit ihrem Gesang weckten.

Als es hell genug war, sah sich Saratah um. Sie schaute in alle Himmelsrichtungen und erblickte Dinge, die sie noch nie zuvor gesehen hatte. Sie sah die große rote Wüste und das unendliche blaue Meer. Sie sah grüne Wälder und schneebedeckte Berge und die Städte der Menschen. Und sie sah, wie winzig klein dazu im Vergleich doch ihre Heimat, das grüne Tal, war.

„Ich habe nicht gedacht, dass die Welt so groß ist und so wunderschön", sagte sie zu dem Baum und konnte nicht genug staunen.

Aber dann erinnerte sie sich, weshalb sie hier heraufgestiegen war und begann, ihren Schmerz hinauszuschreien und die Welt um Hilfe zu bitten. Sie rief das Meer und die Wälder und die Berge an und auch die Menschen. Weit hinaus flogen ihre Schreie, aber nichts und niemand gab ihr Antwort.

Der Baum schwieg zu alledem. Er ahnte, dass Saratahs Hilferufe ungehört verhallen würden, aber er wagte nicht, dem Kind die Hoffnung zu nehmen.

Wieder und immer wieder rief Saratah die Welt um Hilfe an – vergebens, keiner hörte ihr zu. Als es aber dunkel wurde, hatte sie keine Stimme mehr. Da sandte sie ihre Träume in die Nacht hinaus. Die Träume flogen zu den Menschen und erzählten von dem Unheil, welches das grüne Tal, den wunderbaren Baum und alles Leben auf der Welt bedrohte.

Ein Traum jedoch flog zu den Sternen hinauf und erzählte ihnen Saratahs Geschichte. Die Sterne hörten ihm aufmerksam zu, wussten aber keinen Rat. Endlich sagte einer von ihnen, der allerkleinste: „Ach, lieber Traum, wie gerne würde ich dem Kind da unten helfen! Ich wünschte, ich könnte mich in ein Menschenkind verwandeln und mit dir zur Erde hinab fliegen!"

Als die anderen Sterne den kleinen Stern auslachten, begann er zu weinen. Saratahs Traum wollte ihn trösten und trocknete ihm die Tränen mit seinen zarten Flügeln. Weil es aber im Osten schon zu dämmern begann, nahm er ihn in seine Arme und wiegte ihn in den Schlaf und blieb den ganzen Tag bei ihm. Doch als er ihn zur Nacht wecken wollte und ihn nochmals berührte, verwandelte sich der winzig kleine Stern in ein Kind mit goldenem Haar.

6.

„Es ist geschehen, wie ich es wollte", sagte das Kind und lächelte.

Saratahs Traum schaute es an und konnte es kaum glauben. Aber vor ihm stand wirklich ein Kind – ein hübscher kleiner Junge mit goldenem Haar, einer sehr hellen Haut und Augen von einem unwahrscheinlich Blau. Er war dunkel gekleidet und trug einen goldenen Umhang.

„Wenn ich nicht selbst ein Traum wäre, würde ich denken, ich träume", sagte er und starrte das Kind an. „Wer bist du?"

„Mein Name ist Kleiner Stern. Ich bin aus einem Stern und einem Traum geboren. Du hast mir geholfen, mich zu verwandeln. Nun bin ich dein Kind."

Der Traum fragte: „Was willst du jetzt anfangen?"

„Nimm mich mit hinab zur Erde", bat der Junge. „Bring mich ins grüne Tal, zu dem Kind, das dich zu mir gesandt hat, das Hilfe braucht. Mein goldener Mantel trägt mich überall hin."

„Das ist unmöglich", erwiderte der Traum. „Weißt du nicht, dass wir Träume auf der Erde nur eine Nacht zu leben haben? Wenn ich zurückkehre, wenn mich der erste Sonnenstrahl berührt, werde ich verlöschen."

Das Kind sah ihn erschrocken an. „Das darf nicht geschehen. Dann muss ich den Weg zur Erde alleine finden."

Saratahs Traum schüttelte den Kopf. „Hier kann ich nicht länger verweilen, ich muss zurück. Weißt du nicht, dass Träume in der Sternennacht nach kurzer Zeit erfrieren? Es macht also keinen großen Unterschied, ob ich hierbleibe oder zur Erde zurückkehre", sagte er. „Komm, ich zeige dir den Weg. Bleib immer an meiner Seite."

Er flog voraus. Da breitete auch der Junge seine Arme aus, als ob sie Flügel wären, und sein goldener Umhang trug ihn sicher durch die Nacht.

Eine Zeit lang glitten sie schweigend dahin. Dann bat der Junge den Traum, ihm mehr von Saratah, dem wunderbaren Baum und dem grünen Tal zu erzählen. Über all dem Erzählen bemerkte Kleiner Stern gar nicht, wie nahe sie der Erde schon waren. Doch als es zu dämmern begann, sah er unter sich eine Landschaft mit Wäldern und Bergen, Flüssen und Seen liegen.

„Wie schön", flüsterte er und konnte sich kaum satt sehen.

„Flieg schneller, wir müssen uns beeilen!", rief ihm der Traum zu. Und als am Horizont die Sonne aufging, sagte er: „Es wird Tag, wir schaffen es nicht mehr. Hör mir zu: Fliege immer nach Osten, der aufgehenden Sonne entgegen…"

„Flieg nicht so schnell, ich kann dich nicht einholen", wollte Kleiner Stern sagen. Aber noch ehe er es ausgesprochen hatte, war Saratahs Traum schon verschwunden, verloschen.

Jetzt erinnerte sich der Junge an seine Worte und weinte bittere Tränen. Aber die konnten den Traum nicht wieder lebendig machen. Er fühlte sich hilflos und verlassen. Ihm war kalt, so kalt, dass die Tränen in seinem Gesicht gefroren und er am ganzen Körper zitterte. Seine Bewegungen wurden immer langsamer, bis er sich nicht mehr in der Luft halten konnte und herabstürzte.

7.

Unzählige Träume hatte Saratah hinaus gesandt zu den Menschen mit der Hoffnung, Hilfe von ihnen zu erhalten. Woher sollte sie wissen, dass die Menschen längst verlernt hatten, auf ihre Träume zu achten und sie am Morgen wegwarfen wie eine lästige Erinnerung.

In einer Stadt aus Stein aber, fern vom grünen Tal, lebte ein kleiner Junge. Erst vor kurzem hatte ihn ein trauriges Geschick aus seinem gewohnten Leben gerissen und ihn in ein kaltes Haus hinter hohen Mauern verbannt. Vergeblich hatte er sich dagegen gewehrt und schließlich eingesehen, dass er nichts dagegen tun konnte. Es blieb ihm nichts weiter, als sich aus diesem Leben, das er nicht ertragen konnte, hinweg zu träumen. So träumte er nicht nur des Nachts, sondern auch am Tag mit offenen Augen davon, wie es früher gewesen war.

Eines Nachts jedoch hatte er einen Traum, der anders war als das, was er sonst immer träumte. Als er am Morgen erwachte, konnte er sich noch gut an jede Einzelheit erinnern. Er dachte lange darüber nach, und sein Herz wurde noch schwerer, als es ohnehin schon war.

Draußen begann erst der Tag zu dämmern. Aber Julian hielt es nicht länger aus in seinem Zimmer. Leise zog er sich an und schlich hinaus. Vor der Tür blieb er stehen und lauschte. Alles schien noch zu schlafen. Er schlich weiter. Die Haustür war wie immer verschlossen, doch dieses Mal steckte der Schlüssel. Er ließ sich kaum drehen. Schließlich aber gelang es ihm, die Tür zu öffnen. Er trat hinaus. Das Gras unter seinen bloßen Füßen war feucht und kalt. Tief atmete er die frische Morgenluft ein.

Wenn sie mich jetzt erwischen, dachte der Junge, sperren sie mich wieder ein; ich muss vorsichtig sein. Dabei hatte er nichts Böses im Sinn, er wollte nichts weiter als den Himmel anschauen. Er lauschte dem Morgenkonzert der Vögel. „Ihr habt es gut, ihr seid frei und könnt fliegen, wohin ihr wollt", flüsterte er.

Er dachte an seine Eltern, die er verloren hatte, und blickte zum Himmel hinauf, wo die Sterne allmählich verblassten. „Sie haben mir erzählt, dass ihr da oben seid", sagte er. „Ich hoffe, ihr könnt mich sehen. Ich möchte euch meinen Traum erzählen. Bitte, hört mir zu!"

In diesem Moment wurde der Himmel über ihm hell, und ganz in seiner Nähe fiel etwas Goldenes herab. Unwillkürlich zog er den Kopf ein, aber das goldglänzende Etwas landete über ihm im Apfelbaumes. Es blieb in den Ästen des Baumes hängen und leuchtete und funkelte dort weiter.

Der Junge war so erschrocken, dass er regungslos stehen blieb „Merkwürdig, seit wann bleiben Sternschnuppen in Bäumen hängen", murmelte er. Da hörte er über sich eine Stimme: „Dummes Zeug! Als ob ich eine Sternschuppe wäre! Komm lieber herauf und hilf mir, mich zu befreien! Siehst du nicht, dass der Baum mich festhält?"

Julian erschrak und legte den Finger auf die Lippen. „Pst, nicht so laut! Du könntest sie aufwecken…"

Der Apfelbaum war nicht sehr hoch. Er war schon einmal hinaufgeklettert und hatte versucht, sich in seiner Krone zu verstecken. Eine Minute später sah er das Kind. Sein Haar leuchtete hell in der Dämmerung, und sein goldener Umhang hatte sich in den Ästen verfangen.

„Warte, das haben wir gleich", sagte er und befreite den fremden Jungen. „Leg deinen Umhang besser ab, wenn du herabsteigst", schlug er vor.

„Gute Idee", antwortete das fremde Kind und kletterte vom Baum herab. Es reichte Julian seine Hand und sagte: „Danke für deine Hilfe! Wie heißt du?"

„Julian. – Und du?"

„Kleiner Stern."

„Kleiner Stern? Was für ein seltsamer Name!"

„Einen anderen Namen habe ich nicht. – Also nochmals vielen Dank, Julian. Bist du hier zu Hause?"

„Nicht richtig", antwortete Julian. „Ich bin erst kurze Zeit hier, bei Pflegeeltern… und du, wer bist du? Wo kommst du her?"

„Das hast du doch gesehen – ich bin sozusagen vom Himmel gefallen. – Aber ich muss gleich weiter. Ich habe noch einen weiten Weg vor mir."

Julian hielt die Hand fest, die er ihm entgegenstreckte, und bat: „Bitte, Kleiner Stern, nimm mich mit! Ganz gleich, wohin du gehst, lass mich mit dir gehen!"

„Weshalb willst du mit mir kommen?", fragte Kleiner Stern. „Geht es dir hier nicht gut? Sind sie böse zu dir?"

Julian schüttelte den Kopf. „Das sind sie nicht, aber ich kann hier einfach nicht leben! Dort, wo ich zuhause war, war alles ganz anders. Hier muss ich immerzu weinen. Nur wenn ich meine Augen schließe und die Träume zu mir kommen, bin ich froh. Dann ist alles wieder wie früher, und ich wünsche mir nichts weiter, als mit meinen Träumen davonzufliegen."

Kleiner Stern erinnerte sich daran, was er sich gewünscht hatte und antwortete: „Aber du weißt doch gar nicht, wohin ich fliege!"

„Mir ist es gleich, wohin du willst, ich würde dir überall hin folgen. Glaube mir, hier kann ich nicht länger bleiben!"

Kleiner Stern überlegte einen Augenblick lang. Dann sagte er: „Ich bin auf der Suche nach einem grünen Tal, in dem ein wunderbarer Baum steht. Ein Baum, wie es auf der Welt keinen zweiten gibt…"

„Ich kenne diesen Baum. Und ich weiß von der großen Gefahr, die ihm droht", warf Julian ein.

„Woher weißt du das?", fragte Kleiner Stern erstaunt.

Julian antwortete: „Ich weiß noch viel mehr! Ich weiß, dass der Baum ein Kind hat und einen wunderschönen nachtblauen Vogel zum Freund… Das alles habe ich in dieser Nacht geträumt."

Kleiner Stern schüttelte den Kopf und sagte: „Das kann kein Zufall sein, dass du den gleichen Traum hattest wie ich. Mir scheint, das hat etwas zu bedeuten. – Also gut, Julian, wenn du mit mir kommen willst, machen wir uns gemeinsam auf den Weg!"

„Ich weiß aber nicht, wie wir hier herauskommen wollen. Die Mauer ist zu hoch", sagte Julian. „Ich habe es schon ausprobiert. Ich wollte fliehen, doch ich habe es nicht geschafft. Sie haben mich erwischt und mich drei Tage lang eingeschlossen."

Kleiner Stern lächelte. „Für mich ist keine Mauer zu hoch. Also dann, komm mit mir!" Er streckte Julian seine Hand entgegen.

Doch der schrak zusammen. „Mein Buch! Ich kann nicht ohne mein Buch gehen!"

„Was für ein Buch?", fragte Kleiner Stern verwundert.

„Das Buch ist das letzte Geschenk meiner Eltern. Es ist sehr wichtig für mich, weißt du. Ich muss noch einmal zurück und es holen. Bitte, warte auf mich! Ich bin gleich wieder hier."

„Und wenn sie dich hören, wenn sie aufwachen?", gab Kleiner Stern zu bedenken.

Julian schüttelte den Kopf. „Ich muss das Buch holen, ich muss!", erwiderte er. „Bitte, warte auf mich!" Vorsichtig öffnete er die Haustür und schlüpfte lautlos hinein.

Nun stand Kleiner Stern allein in dem winzigen Garten. Es schien ihm durchaus nicht sicher, dass Julian zurückkommen würde, aber er wartete.

Manchmal, so heißt es, können Minuten zu einer Ewigkeit werden. Diese Minuten, in denen Kleiner Stern auf Julian wartete, waren so eine Ewigkeit. Vielleicht hatten sie ihn schon ertappt… Doch da öffnete sich die Haustür. Mit einem kleinen Rucksack in der Hand stürzte Julian heraus.

„Wir müssen uns beeilen", rief er, „ich glaube, sie sind aufgewacht!" Wirklich gingen in diesem Moment die Lichter hinter den Fenstern an.

Kleiner Stern trat dicht an Julian heran, schlang seinen Arm um dessen Schulter und sagte: „Rasch, mach es so wie ich! Lege deinen Arm um mich. Und mit der anderen Hand nimmst du den Zipfel des Umhangs. Und jetzt gib Acht, halte dich gut fest an mir!"

Julian war es, als ob der Boden unter seinen Füßen schwankte, dann hing er in der Luft. Eine unsichtbare Kraft zog ihn nach oben. Schon hatten sie die Mauer überwunden und schwebten über Häuser, Straßen und Plätze hinweg, immer höher hinauf.

Bald hatten die beiden Jungen die Stadt hinter sich gelassen. Sie flogen über Wiesen, Wälder und Flüsse und immer neue Städte. Als sie müde wurden, kamen sie herab zur Erde. Sie ruhten sich in einem kleinen Wäldchen aus und stillten ihren Durst an einer Quelle.

„Danke, dass du mich mitgenommen hast", sagte Julian. „Ich glaube, ich hätte es dort keinen Tag länger ausgehalten. Diese Mauern, dieser winzige Garten! Ein klitzekleines Stück Rasen und ein einziger Apfelbaum – für mehr war nicht Platz. Und vom Himmel konnte man immer nur ein kleines Stück sehen.

Weißt du, wo ich herkomme, gibt es Wiesen und Felder und Bäume. Ich wohnte in einem schönen großen Haus mit einem Garten voller Blumen. Ich hatte mein eigenes kleines Fohlen und eine Katze mit schwarzem Fell und weißen Pfötchen. Und meine Eltern hatten mich lieb. – Jetzt sind sie im Himmel. Damit soll ich mich trösten, sagten sie mir. Hast du sie vielleicht getroffen, Kleiner Stern?"

„Leider nicht." Kleiner Stern schüttelte den Kopf. „Das ist ja eine traurige Geschichte, die du da erzählst! Wenn ich nur etwas tun könnte, damit du wieder froh wirst!"

Julian lächelte. „Seit ich dich getroffen habe, geht es mir schon viel besser. Hier kann ich wieder richtig atmen. Und ich kann mich zum ersten Mal wieder freuen." Er breitete seine Arme weit aus und sagte: „Und wie ist es mit dir, Kleiner Stern? Erzähl mir von dir!"

Kleiner Stern antwortete: „Von mir gibt es nicht viel zu erzählen. Es ist noch gar nicht lange her, da war ich ein Stern, ein winzig kleiner Stern, der allerkleinste Stern am Himmelszelt. Aber dann kam der Traum dieses fremden Kindes zu mir geflogen und erzählte mir seine

Geschichte, die gleiche, die auch du geträumt hast. Da habe ich mir gewünscht, diesem Mädchen zu helfen und selbst ein Kind zu werden. Es war gar nicht schwer."

„Auch ich möchte helfen, das grüne Tal zu retten", sagte Julian.

„Genau das werden wir tun", sagte Kleiner Stern. „Ich bin froh, dass ich dich getroffen habe. Zu zweit können wir mehr ausrichten als einer allein." Er legte seinen Arm um Julians Schulter. „Komm, es ist Zeit, dass wir uns auf den Weg machen."

Sie flogen immer weiter nach Osten, überquerten ein großes Meer, dann ein weites fruchtbares Land. Der Himmel über ihnen war strahlend blau, und sie badeten im warmen Gold der Sonnenstrahlen. Nach langer Zeit tauchten am Horizont die Umrisse eines mächtigen Gebirges auf. Sie hielten direkt darauf zu.

„Das sind die Berge, die ich im Traum gesehen habe", sagte Julian. „Nun kann es nicht mehr weit sein bis zum grünen Tal."

8.

Die beiden Jungen hatten nicht bemerkt, wie sich der Himmel mit einem grauen Schleier überzog. Als sie sich nun dem Gebirge näherten, erhob sich ein gewaltiger Sturm. Er peitschte ihnen ins Gesicht und nahm ihnen fast die Luft zum Atmen. Sie klammerten sich fest aneinander, und Kleiner Stern kämpfte mit aller Kraft gegen den Sturm an. Doch es war vergeblich. Ein heftiger Windstoß zerrte an seinem goldenen Umhang und riss ihn in Fetzen. Mit Müh und Not erreichten sie den Erdboden und konnten von Glück sagen, dass sie keine größeren Verletzungen davontrugen.

Kleiner Stern besah sich seine aufgeschürften Hände und sagte: „Halb so schlimm! Aber mit dem Fliegen ist es vorbei, Julian. Schau dir nur meinen Umhang an!"

Julian sah, dass Kleiner Stern recht hatte; mit dem Fliegen war es vorbei.

Sie machten sich also zu Fuß auf den Weg. Immer noch wütete der Sturm und stemmte sich ihnen entgegen, so dass sie kaum vorwärts kamen. Endlich fanden sie eine Höhle, die ihnen Schutz vor dem Unwetter bot. Sie krochen hinein und beschlossen, darin zu übernachten.

In der Nacht wurde es empfindlich kalt. Die Kinder kauerten sich eng aneinander und versuchten, sich gegenseitig zu wärmen. „Ich hätte eine Decke mitnehmen sollen", sagte Julian.

Sie waren froh, als der Morgen dämmerte. Zitternd traten sie hinaus vor die Höhle und warteten darauf, dass die Sonne sie wärmte. Doch schon nach kurzer Zeit wurde die Hitze bald unerträglich.

Kleiner Stern erinnerte sich an Saratahs Traum, an seine letzten Worte, bevor er verloschen war. So hielten sie sich immer in östlicher Richtung, durchquerten Schluchten und erklommen steile Berge. Doch hinter jedem Berg lag wieder eine Schlucht, und hinter jeder Schlucht ragte ein neuer Berg empor. Sie kamen an Quellen und Bächen mit eiskaltem klarem Wasser vorüber, an dem sie sich erfrischen konnten. Ihren Hunger stillten sie mit Beeren, die an vielen Sträuchern reichlich wuchsen.

Doch als sich die Sonne abermals anschickte unterzugehen, schien es den Kindern, als seien sie ihrem Ziel nicht im geringsten näher gekommen.

„Julian, wir müssen uns einen Unterschlupf für die Nacht suchen, solange es noch nicht dunkel ist", sagte Kleiner Stern. Aber das war leichter gesagt als getan. Sie hatten die Hoffnung schon fast aufgegeben, als sie endlich auf eine Höhle stießen, die ziemlich geräumig war. Ein kleiner Winkel war mit Laub und Moos ausgepolstert.

„Fast wie ein richtiges Bett", sagte Julian. Sie machten es sich bequem und waren schon am Einschlafen, als sie vom Eingang her ein lautes Brummen hörten. Erschrocken fuhren sie hoch und sahen aus dem Halbdunkel heraus am Eingang der Höhle die Umrisse einer mächtigen Bärin.

Es war zu spät um zu fliehen. Sie standen da und konnten sich nicht rühren vor Angst. Die Bärin kam direkt auf sie zu. War das das Ende von allem?

Das war es nicht. Die Bärin ließ sich auf das Lager sinken und streckte ihre großen Pranken nach den Kindern aus, als wolle sie sie zu sich heranwinken. Sie berührte sie unglaublich sanft, wie um ihnen zu zeigen, dass sie sich nicht vor ihr zu fürchten brauchten.

Kleiner Stern und Julian zögerten. Doch als sie merkten, dass ihnen die Bärin nichts zu Leide tun wollte, legten sie sich zu ihr und schmiegten sich eng an ihr warmes Fell. In dieser Nacht brauchten sie nicht zu frieren.

Am Morgen bedankten sie sich bei der Bärin und zogen weiter, immer der aufgehenden Sonne entgegen. Wieder durchquerten sie Schluchten und überwanden Berge, und wieder war die Hitze kaum zu ertragen.

„Ich bin mir nicht sicher, ob wir auf dem rechten Wege sind", sagte Kleiner Stern, als sie im Schatten eines Felsvorsprunges Rast machten. „Manchmal habe ich das Gefühl, als würden wir immerzu im Kreis herum laufen, ohne vorwärts zu kommen."

„Mach dir keine Sorgen", antwortete Julian. „Als wir letzte Nacht bei der Bärin lagen, hatte ich einen Traum. Ich träumte von einem Vogel, der uns den Weg zeigen wird."

Wirklich tauchte nach einiger Zeit weit oben am Himmel ein riesiger Vogel mit einem schimmernden Gefieder auf. Sie wollten sich bemerkbar machen und winkten ihm zu.

Auch Nininja hatte die beiden Kinder entdeckt. „Eines von ihnen hat goldenes Haar", murmelte er vor sich hin. Und er schickte sich zur Landung an.

Voller Freude begrüßten ihn die Kinder. Nininja aber fragte sie nach ihren Namen und wohin sie wollten.

Sie erzählten ihm, dass sie sich aufgemacht hätten, dem Kind im grünen Tal zu Hilfe zu eilen. Julian sagte: „Wir hatten beide den gleichen Traum. Auch von einem Vogel haben wir geträumt – einem Vogel, der genau so aussah wie du."

„Nun", sagte der Vogel, „ich gehöre wohl genau so zu diesem Traum wie Saratah, denn ich bin ihr Freund und Beschützer. Ich heiße Nininja."

Nun erzählten die beiden Jungen dem Vogel, wie sie sich getroffen hatten. Zum Schluss sagte Kleiner Stern so leise, dass nur Nininja es hören konnte: „Ich bin nur ein einziges Mal einem Traum begegnet – als ich noch ein Stern war. Julian aber hat ständig solche Träume, die sich dann als wahr erweisen. Glaubst du, dass er eines von diesen Traumkindern ist, die in die Zukunft sehen können?"

Nininja wusste darauf keine Antwort. Stattdessen sagte er: „Es ist nicht mehr weit zum grünen Tal. Ich werde euch auf eurem Weg geleiten, dann könnt ihr es nicht verfehlen. Doch zuvor will ich Saratah die Nachricht bringen, dass ihr unterwegs seid. Sie hat so gehofft, dass jemand ihre Hilferufe hört. – Wartet hier auf mich, ich bin bald zurück."

9.

Frohen Herzens flog Nininja zurück ins grüne Tal. Er fand Saratah damit beschäftigt, ein paar welke Blätter am Fuße des Baumes zusammenzulesen.

„Früher hat Oana niemals Blätter verloren", sagte sie, und Nininja konnte die Angst aus ihrer Stimme heraushören.

„Das ist nicht schlimm, mein Kind", beruhigte er sie. „Wegen ein paar welker Blätter stirbt man nicht."

Das Mädchen schüttelte den Kopf. „Nein, doch es ist ein Zeichen, dass die Veränderungen beginnen", flüsterte sie.

„Gewiss", antwortete Nininja. „Es werden sich Dinge ereignen, wie sie noch nie zuvor geschehen sind. Wenn wir dem tatenlos zusehen, sind wir alle miteinander verloren. – Doch das werden wir nicht. Hört zu, was ich zu berichten habe: In den Bergen traf ich zwei Jungen. Sie haben Saratahs Hilferufe empfangen und sind unterwegs, um uns zu helfen."

Saratah sprang auf. Vor Freude fand sie keine Worte. Da war jemand, den ihnen zu Hilfe kam. Auf einmal konnte sie wieder lachen.

„Da hätten wir also zwei Kinder, die die Welt retten wollen", sagte der wunderbare Baum. Aber es war kein Spott in seiner Stimme.

„Drei", sagte Saratah. „Drei Kinder, die die Welt retten wollen. Oder hast du mich vergessen?" Sie musste wieder lachen. Sie konnte nicht anders, sie freute sich so sehr. Alles erschien ihr auf einmal leicht und wunderbar.

„Erzähle mir von der Regenkönigin, Oana", bat sie.

Der Baum sagte: „Die Regenkönigin Modjadij herrscht über die Wolken und den Regen und alle Wasser der Welt. Zu allen Zeiten wurde sie von den Menschen verehrt. Aber mit den Jahren ging viel Wissen verloren, und heute glauben die Menschen nicht mehr daran. Wenn das Ungeheuer die Regenkönigin wirklich in seine Gewalt gebracht hat, ist es schlecht um die Welt bestellt."

„Vielleicht können drei Kinder mehr erreichen als eine Armee tapferer Männer. Früher, in den alten Märchen, geschahen solche Wunder. Wer sagt, dass es jetzt nicht mehr so ist?", warf Nininja ein. „Ihr wisst ja, hoffen muss man immer! Ich werde jetzt zurückfliegen, um den beiden den Weg zu zeigen."

Saratah fühlte, wie ihr Herz vor Freude und Aufregung wild klopfte. Sie legte ihr Gesicht an die warme Rinde des Baums und breitete ihre Arme weit aus, als wolle sie ihn umfassen. „Jetzt wird alles gut, Oana."

„Nun ja, immerhin drei Kinder…", sagte der Baum

Saratah gab zur Antwort: „Mit Nininja sind wir schon vier."

„Und mit mir fünf, Saratah", sagte der Baum. „Ach, wenn ich nur Flügel hätte anstatt der Wurzeln, ich würde es Untu Ulu schon zeigen. Aber so…" Er seufzte.

Saratah lachte. „Bäume haben nun mal keine Flügel! Deshalb musst du doch nicht traurig sein! Schau mich an – habe ich etwa welche?"

„Flügel nicht, aber Füße, auf denen du fortgehen kannst", antwortete der Baum.

Jetzt nickte Saratah mit ernstem Gesicht. „Ich muss von hier fortgehen, Oana, wenn ich uns retten will."

„Ich weiß, mein Kind", sagte der Baum. Er fühlte einen nie gekannten Schmerz in sich aufsteigen, der ihn zu zerreißen drohte.

Das Mädchen spürte, was in ihm vorging. Es streichelte ihn und sagte: „Hab keine Angst, Oana. Ich werde zurückkommen und dann für immer hierbleiben. Das verspreche ich dir."

Einen Augenblick lang war es still. Nur der Gesang der Vögel war zu hören. In die Stille hinein sagte Saratah: „Ich kann es kaum erwarten, die beiden Jungen zu sehen. Was hältst du davon, wenn ich ihnen entgegengehe? Da wird mir die Zeit nicht so lang."

„Lauf schon, mein Kind!"

Saratah lief los. Nach ein paar Metern wandte sie sich noch einmal um und winkte dem Baum. „Ich bin bald wieder da!"

Es war schon recht heiß, aber die Hitze störte sie nicht. Sie fühlte sich leicht wie eine Feder. Ihre Füße bewegten sich wie von selbst vorwärts, schneller und immer schneller. Der Wind spielte mit ihrem Haar. Auf ihrem Gesicht lag ein Lächeln, und in ihr war nichts als Freude. Die Tiere, denen sie begegnete, wunderten sich, wohin sie wohl wollte. Aber sie winkte ihnen nur zu und lief weiter. Jetzt war nicht die Zeit für Erklärungen.

Um die Mittagszeit zeigten sich einige Wolken am Himmel. Aber es war nicht so, wie es früher gewesen war, und es regnete nur spärlich. Saratah genoss den kurzen Regen und war dankbar für den Schatten, den ihr die Wolken spendeten. Aber zum Tanzen hatte sie heute keine Zeit. Sie schritt noch rascher aus; bald würde die Sonne wieder zum Vorschein kommen.

Endlich konnte sie fern am Horizont die Umrisse hoher Berge erkennen. Sie verschwammen in der flimmernden Luft, und Saratah war sich nicht sicher, ob das, was sie sah, Wirklichkeit war. Einen Augenblick lang blieb sie stehen, um Atem zu schöpfen. Doch als sie aufschaute, waren die Berge noch da.

„Dann ist es keine Täuschung", sagte sie laut und lief weiter, noch schneller als zuvor. So weit war sie noch nie gegangen. Der Boden unter ihren Füßen veränderte sich allmählich. Nur spärlich wuchs das Gras; tiefe Risse durchzogen das trockene Erdreich.

Plötzlich tauchte Nininja am Himmel auf. Und dann sah sie in der Ferne zwei kleine dunkle Punkte, die sich auf sie zu bewegten. Das müssen die beiden Jungen sein, dachte Saratah und lief noch schneller.

Auch die Jungen hatten Saratah entdeckt und rannten ihr entgegen. Endlich, ein wenig atemlos, standen sie sich gegenüber.

10.

Saratah musterte die beiden Jungen, die unterschiedlicher nicht sein konnten.

„Du bist das Mädchen, das seine Träume zu uns geschickt hat, nicht wahr?", fragte der eine. Saratah nickte. Sie hätte diesen Jungen immerzu anschauen mögen, weil er so schön war mit seinem fein gezeichneten Gesicht, seinen tiefblauen Augen und dem goldenen Haar. Dass sein goldener Umhang zerrissen und seine dunkle Kleidung mit Staub bedeckt war, tat seiner Schönheit keinen Abbruch.

Der zweite Junge mit dem wilden dunklen Lockenkopf war auf eine andere Art hübsch. Vielleicht waren es seine großen braunen Augen, die Saratah anzogen. Sein schmächtiger Körper steckte in einem verwaschenen Hemd und einer zerschlissenen Hose. Er wurde ein bisschen rot, als Saratah ihn anschaute. Er sagte: „Auch ich erkenne dich wieder; du bist das Mädchen aus meinem Traum."

Seine Blicke suchten ihre dunklen Augen, die von dichten Wimpern eingerahmt wurden. Alles an ihr gefiel ihm: ihre bronzefarbene Haut, ihr langes schwarzes

Haar, das sie mit kleinen Federchen geschmückt hatte, und sogar das Kleid, das sie trug, obwohl es gar kein richtiges Kleid war.

„Ich heiße Saratah, und hier ist mein Zuhause", sagte das Mädchen jetzt. „Wir alle sind in großer Gefahr und brauchen eure Hilfe. Es ist gut, dass ihr gekommen seid. Folgt mir, ich führe euch zu Oana, dem größten und schönsten und wunderbarsten Baum der Welt. Nininja kann schon voraus fliegen."

Auf ihrem Weg durch das grüne Tal erzählten Julian und Kleiner Stern dem Mädchen ihre Geschichte: wie ihr Leben zuvor gewesen war, wie sie sich in dem winzigen Garten, in dem nur ein einziger Apfelbaum Platz hatte, getroffen und sich gemeinsam auf die Suche nach dem grünen Tal begeben hatten.

Saratah staunte. „Ich habe die ganze Welt um Hilfe gebeten, ich habe gerufen, so laut ich konnte, aber keiner wollte mich hören", sagte sie. „Als meine Stimme zum Rufen zu schwach war, habe ich meine Träume ausgesandt. Lautlos und ohne ihr Ziel zu kennen flogen sie davon. Ist es nicht ein Wunder, dass sie euch gefunden haben?"

Kleiner Stern nickte, und Julian sagte: „Du hast Recht, das ist wirklich ein Wunder."

Die Sonne stand hoch am Himmel, und die Hitze wurde immer unerträglicher. Die Schritte der Kinder waren langsamer geworden, ihre Füße schmerzten. Selbst Saratah, der die Sonne sonst nichts ausmachte, war ein wenig erschöpft; zu viele Stunden war sie schon unterwegs.

Da tauchte plötzlich hinter einer Baumgruppe ein Elefant auf. Er lief direkt auf die Kinder zu. Julian und Kleiner Stern machten große Augen, als Saratah ihn wie einen alten Bekannten begrüßte und ihn umarmte.

„Nininja schickt mich", sagte der Elefant. „Es ist heiß am Nachmittag, und eure Füße sind sicher müde. Auf meinem Rücken habt ihr es bequemer."

Er ließ sich auf seine Knie nieder, so dass die Kinder auf seinen Rücken steigen konnten. „Haltet euch fest", rief er ihnen zu. Dann setzte er sich in Bewegung.

Julian kam aus dem Staunen nicht heraus. „Ich hätte nie gedacht, dass Elefanten so schnell laufen können", sagte er.

Saratah lachte. „Sie können noch viel mehr als schnell laufen. Sie sind unheimlich klug. Du darfst nie böse zu ihnen sein, denn das merken sie sich ein Leben lang. Aber sie werden auch niemals vergessen, wenn ihnen jemand etwas Gutes tut."

„Wer sollte wohl zu einem Elefanten böse sein?", fragte Kleiner Stern. Er breitete seine Arme weit aus. „Auf dem Rücken eines Elefanten zu reiten ist fast so schön wie fliegen."

Saratah fragte ihn: „Kannst du fliegen?"

„Jetzt nicht mehr", antwortete Kleiner Stern. „Aber das macht mir nichts aus. Ich habe mir gewünscht, ein Kind zu sein – ein Kind so wie ihr."

Sie kamen rasch vorwärts. Von ihrem Sitz aus konnten sie die Schönheit des grünen Tales betrachten und die Tiere beobachten, die ihren Weg kreuzten.

„Es ist wie im Märchen hier oder noch schöner", sagte Julian. „Dort, wo ich zuletzt war, war alles grau und kalt, und ich war hinter einer hohen Mauer gefangen. Ich hatte Angst, ich könnte vergessen, wie grün die Wiesen sind und wie blau der Himmel ist, wenn die Sonne scheint. Was für ein Glück, dass Kleiner Stern im Apfelbaum gelandet ist und mich mitgenommen hat, sonst wäre ich jetzt nicht hier!"

Es dauerte gar nicht lange, da erblickten sie in der Ferne den wunderbaren Baum – einen Baum, wie die beiden Jungen noch nie zuvor einen gesehen hatten. Bald tauchten sie in den kühlen Schatten seines mächtigen Blätterdachs ein.

„Das ist der Baum, vom dem ich geträumt habe", sagte Kleiner Stern. „Aber so gewaltig habe ich ihn mir nicht vorgestellt."

Saratah nickte. „Er ist wirklich gewaltig. So einen Baum gibt es nicht noch einmal auf der Welt", erwiderte sie.

Julian war so überwältigt, dass ihm die Worte fehlten. Seine Augen glänzten. Endlich sagte er: „Wer hier lebt, Saratah, muss der glücklichste Mensch auf der Welt sein."

Saratah lächelte. „Das bin ich ganz gewiss."

Der Elefant trug die Kinder bis zum Fuße des Baumes. Wieder ging er in die Knie, damit sie absteigen konnten.

Saratah streichelte ihn. „Danke, das war furchtbar nett von dir.“

Als auch Julian und Kleiner Stern sich bedankten, neigte der Elefant seinen Kopf und sprach: „Das habe ich gern getan. Wer weiß, vielleicht brauche auch ich einmal eure Hilfe.“

Obwohl es sehr heiß war, fröstelte Saratah bei diesen Worten. Ahnte der Elefant etwas von der Gefahr, die sie alle bedrohte? Ach was, tröstete sie sich, bestimmt sind seine Worte nur so dahin gesagt. Und sie wandte sich Nininja zu, der sich neben ihr niedergelassen hatte.

11.

„Seid mir willkommen“, begrüßte der Baum die Kinder. „Nininja hat mir berichtet, welch anstrengenden Weg ihr hinter euch habt. Ruht euch aus und stärkt euch an meinen Früchten.“

Die beiden Jungen waren so erschöpft, dass sie auf der Stelle einschliefen, sobald sie sich niedergelegt hatten. Sie erwachten erst, als die Sonne unterging.

„Ihr müsst euch unbedingt den Sternenhimmel ansehen. Wenn wir ein Stück hinaufsteigen, sind wir ihm näher“, sagte Saratah. „Ich zeige euch den Weg. Keine Angst, es ist nicht schwer.“

Sie führte sie zu einem Platz in der Krone des Baumes, wo sie sich bequem niederlassen konnten. Mittlerweile war es völlig dunkel geworden.

„Seht nur, seht! Wie die Sterne funkeln! Wie der gute alte Mond leuchtet!", rief Kleiner Stern. „Dort war ich zu Hause."

„Ja, und jetzt fehlt ein Stern", sagte Saratah.

„Bist du traurig, dass du nicht mehr bei ihnen da droben sein kannst?", fragte Julian. „Ich stelle es mir sehr schön vor, ein Stern zu sein."

„Nun ja, wie man's nimmt", erwiderte Kleiner Stern. „Es ist ziemlich kalt dort und – ehrlich gesagt – ein bisschen langweilig. Immer nur glitzern und flimmern, Abwechslung hat man kaum. Gewiss, der gute alte Mond hat uns so mancherlei von der Erde erzählt. Aber sie schien mir immer so fern, so unerreichbar fern… Bis Saratahs Traum geflogen kam und mir ihre Geschichte erzählte. Da habe ich mir gewünscht, ein Erdenkind zu werden… Doch wie das geschehen ist, kann ich nicht sagen; es ging alles so furchtbar schnell. Und den Traum habe ich leider verloren."

„Dafür hast du mich gefunden", warf Julian ein.

„Und mich", fügte Saratah hinzu.

Kleiner Stern nickte. „Ja, nun sind wir Freunde. Und wir werden alles tun, um die Gefahr von euch abzuwenden, Saratah."

Jetzt ließ der Baum seine Stimme hören. „Das wird nicht einfach sein", sagte er. „Doch es ist spät geworden, reden wir morgen weiter. Meine Tochter zeigt euch, wo ihr schlafen könnt."

Saratah führte Julian und Kleiner Stern zu einer Stelle, an der die Äste und Zweige des Baumes so eng miteinander verflochten waren, dass man sich dort getrost niederlegen konnte. Der Platz hätte für ein breites Bett gereicht.

Der wunderbare Baum deckte die Kinder mit seinen Zweigen zu, damit sie nicht frieren sollten in der Kühle der Nacht und sang sie mit seinem Lied in den Schlaf.

Das Gezwitscher der Vögel weckte sie zeitig auf. „Ich hoffe, ihr habt ausgeschlafen, denn den Sonnenaufgang dürfen wir auf keinen Fall versäumen", sagte Saratah und war schon unterwegs. Flink wie ein Eichkätzchen kletterte sie von Ast zu Ast; Kleiner Stern und Julian konnten ihr kaum folgen.

Endlich waren sie an jenem Platz angekommen, vom dem aus Saratah jeden Morgen den Anbruch des neuen Tages beobachtete.

„Seht nur!", rief sie. Und sie sahen, wie der rot glühende Sonnenball hinter dem Horizont auftauchte, langsam emporstieg und den ganzen Himmel in ein rotes Licht tauchte.

Kleiner Stern stand mit weit aufgerissenen Augen da. „Ist das schön! So etwas bekommt man als Stern nicht zu sehen! Wie gut, dass ich ein Erdenkind geworden bin!"

„Ich war letzten Sommer mit meinen Eltern am Meer", erzählte Julian. „Eines Morgens sind wir früher als sonst aufgestanden und zum Strand gegangen, um den Sonnenaufgang zu beobachten. Es war phantastisch. Aber heute ist es fast noch schöner."

Sie blieben sitzen und schauten zum Himmel empor, bis es heller Tag geworden war.

12.

Der Baum fragte sie, ob sie gut geschlafen hätten. „So gut wie in einem Himmelbett", antwortete Julian. „Und ich hatte einen wunderschönen Traum." Ein Lächeln lag auf seinem Gesicht.

„Wo ist Nininja?", fragte Saratah.

„Er ist noch einmal hinaus in die Welt geflogen", antwortete der Baum. „Gleich nach Mitternacht hat er sich auf den Weg gemacht. Ich soll euch von ihm grüßen."

Und dann erzählte er den Kindern die Geschichte, die tausend Jahre alt war oder gar noch älter: Die Geschichte vom Ungeheuer Untu Ulu.

„Ihr müsst wissen, dass es nur eines gibt, was dem Unhold gefährlich werden kann: Wasser", sagte er. „Es würde seinen Körper, der aus Lehm geformt ist, aufweichen und zerfließen lassen und sein glühendes Herz auslöschen. Deshalb fürchtet er das Wasser wie die Pest und hat Angst vor jedem Regentropfen. Deshalb hat er die Regenkönigin Modjadij gefangen genommen und entführt. Keiner weiß, wo er sie versteckt hält. Nininja will versuchen, etwas in Erfahrung zu bringen. Er will mit dem Herrn der Winde sprechen. Der kommt in der ganzen Welt herum. Wenn irgend jemand weiß, wohin Untu Ulu die Regenkönigin verschleppt hat, dann ist es der Herr der Winde."

„Das ist ja eine unglaubliche Geschichte", sagte Kleiner Stern. Und Julian fügte hinzu: „Wirklich unglaublich. Aber wenn sie wahr ist, brauchen wir weiter nichts als Regen, viel, viel Regen, um das Ungeheuer zu besiegen. Hab' ich Recht?"

Der Baum antwortete: „Genau so ist es. Wir brauchen weiter nichts als einen großen Regen. Für einen großen Regen aber brauchen wir die Regenkönigin."

Saratah hatte lange nachgedacht. „Modjadij kann nicht einfach spurlos verschwinden oder sich in Nichts auflösen", sagte sie jetzt. „Wir sollten uns auf den Weg machen und nach ihr suchen. Meinst du nicht auch, Oana?"

Der Baum räusperte sich. „Das könnte gefährlich werden, mein Kind. Untu Ulu ist schon sehr mächtig, und mit jedem Tag, der vergeht, wächst seine Macht."

„Dann dürfen wir nicht mehr lange warten", sagte Kleiner Stern.

Saratah nickte. „Das denke ich auch. Ich weiß, dass du dir Sorgen machst, Oana. Aber du brauchst dich nicht zu sorgen. Ich bin ja nun nicht mehr allein. Ich habe zwei Freunde."

„Ja, du bist nicht allein. Wir sind drei", sagte Julian und reckte sich zu seiner ganzen Größe empor. „Was soll uns da schon geschehen!"

Der Baum spürte, dass alles Reden die Kinder nicht zurückhalten würde. Deshalb schwieg er. Erst nach einer Weile bat er sie, wenigstens zu warten, bis Nininja zurück sei. „Vielleicht erfährt er etwas, was für euch wichtig sein könnte. Womöglich kann er sogar in Erfahrung bringen, wo der Unhold die Regenkönigin gefangen hält."

Die Kinder sahen ein, dass es vernünftig war, den Vorschlag des Baumes zu befolgen. „Gut, warten wir, bis Nininja zurück ist", sagte Saratah. „Bis dahin können sich Kleiner Stern und Julian unser Tal anschauen. Ich werde ihnen unseren See zeigen und all die Tiere, die jeden Tag dorthin kommen."

„Tu das, meine Tochter", meinte der Baum. „Ich denke auch, Kleiner Stern und Julian sollten unsere Heimat kennenlernen, ehe sie wieder in die Welt hinausziehen."

Die beiden Jungen sahen sich kurz an und nickten zustimmend. Es war merkwürdig: Sie kannten sich erst seit kurzer Zeit und verstanden sich schon ohne Worte. Ein Blick genügte, und jeder wusste, was der andere dachte.

13.

Einen glücklichen Nachmittag lang vergaßen die Kinder das Ungeheuer und ihre Sorgen. Saratah machte die Jungen mit den Tieren bekannt, die sich am See aufhielten, um ihren Durst zu löschen oder ein Bad zu nehmen.

„Julian und Kleiner Stern sind gute Freunde", hatte Saratah ihnen gesagt. Und aus Liebe zu dem Baumkind zeigten sich alle Tiere den beiden Jungen gegenüber freundlich.

Sie trafen auch den Elefanten wieder, der sie auf seinem Rücken durch das grüne Tal getragen hatte. Er lud sie ein, mit ihm zu spielen. Sie durften von seinem Rücken herab ins Wasser springen und auf seinem Rüssel schaukeln. Wenn er sie mit einer Fontäne Wasser überschüttete, kreischten sie vor Vergnügen.

Als sie nach dem Baden im warmen Sand lagen und sich sonnten, sagte Julian: „Ich war schon lange nicht mehr so froh wie heute. Es ist wunderschön hier – so muss es im Paradies sein, Saratah. Ich wünschte, ich könnte immer so glücklich sein."

„Warum nicht? Warum solltest du nicht glücklich sein?", antwortete das Mädchen. „Dazu sind wir doch schließlich geboren, meinst du nicht? Ich jedenfalls glaube, dass wir auf der Welt sind, um glücklich zu sein. – Was meinst du, Kleiner Stern?"

Kleiner Stern dachte angestrengt nach. „… auf der Welt, um glücklich zu sein", wiederholte er schließlich. „Ich denke, dass du Recht hast, Saratah. Dort, wo ich herkomme, war es immer so kalt, und ich war sehr allein in dieser Kälte. Doch hier auf dieser schönen Erde muss man einfach glücklich sein. Es ist ein großes Glück, Freunde zu haben und einen Tag wie diesen zu erleben: von den Sonnenstrahlen berührt zu werden, ihre Wärme auf der Haut zu spüren. Glück ist auch, wenn der Wind mich streichelt, mir durchs Haar fährt – oder wenn ich durch das Wasser gleite…"

Julian musste an seine Eltern denken und sagte: „Wenn wir aber auf der Welt sind, um glücklich zu sein, warum geschehen dann so viele schlimme Dinge? Warum gibt es Kriege, warum habe ich meine Eltern verloren, warum darf ein Ungeheuer wie Untu Ulu die Welt bedrohen? Könnt ihr mir das erklären?"

„Nein", antwortete Saratah, „ich kann es auch nicht verstehen, weshalb soviel Schlimmes geschieht. Ich glaube nicht, dass wir zu klein sind, um das zu begreifen, das kann vielleicht niemand auf dieser Welt. Nicht einmal Oana. Manche Dinge können wir einfach nicht ändern; aber es gibt auch Dinge, gegen die wir etwas tun können…"

Kleiner Stern unterbrach sie. „Ja, zum Beispiel Untu Ulu! Gegen diesen Unhold können wir bestimmt etwas tun."

Er sprang auf und rannte ins Wasser hinein. Julian lief ihm hinterher. Er rief: „Wenn es jetzt hier wäre, das

Ungeheuer, dann würde ich es vollspritzen, so und so und so, und aus wäre es mit ihm!" Er strampelte mit Armen und Beinen. Kleiner Stern wehrte sich lachend. Sie balgten sich eine Weile im Wasser herum und kehrten schließlich atemlos zu Saratah zurück.

„He, Julian, war das eben nicht auch ein Stück vom Glück?", fragte Kleiner Stern.

Julian spürte, dass seine Traurigkeit davongeflogen war. Er atmete tief ein. „Ganz bestimmt!", rief er und breitete seine Arme weit aus, als wolle er es festhalten.

Erst als es dämmerte, verabschiedeten sich die Kinder von den Tieren und machten sich auf den Heimweg.

Sie aßen von den Früchten des Baumes und erzählten ihm von ihrem schönen Nachmittag. Sie schauten dem Sonnenuntergang zu und hörten, wie die Vögel ihr Nachtlied sangen. Dabei lauschten sie in die Nacht hinaus, ob nicht vielleicht Nininjas Flügelschlag zu hören sei. Doch sie warteten vergebens.

14.

Als die Sonne aufging, war Nininja immer noch nicht zurück. Die Kinde waren ungeduldig, das Warten fiel ihnen schwer. Den Vormittag verbrachten sie im Schatten des Baumes. Wieder und wieder musste der ihnen alles, was er von Untu Ulu wusste, erzählen. Trotzdem verging ihnen die Zeit viel zu langsam, weil sie immer an Nininja denken mussten. Schließlich öffnete Julian seinen Rucksack und holte ein Buch heraus.

„Was hast du da?", fragte Saratah.

„Das ist mein Lieblingsbuch, ein Geschenk meiner Eltern", antwortete Julian. „Die allerschönsten Märchen stehen darin. Wenn ihr wollt, lese ich euch etwas vor."

Die beiden lauschten wie gebannt. Saratah war es, als tue sich eine neue Welt vor ihr auf. Eine Welt voller Wunder, die vor ihren Augen Wirklichkeit wurden; eine Welt voller böser Hexen und gütiger Feen, Feuer speiender Drachen und edler Ritter, mächtiger Könige und schöner Prinzessinnen.

Als Julian das Buch zuschlug und „genug für heute" sagte, hatte sie Mühe, in die Wirklichkeit zurückzufinden. Gern hätte sie noch mehr gehört.

Schließlich liefen sie hin zum See, um zu baden und zu spielen. Saratah gab sich Mühe, die Jungen nicht merken zu lassen, wie unruhig sie war. Immerzu musste sie an Nininja denken. Auch Kleiner Stern und Julian waren nicht so recht froh. Schließlich kehrten sie zu Oana zurück.

Der Baum tröstete sie. „Habt noch ein klein wenig Geduld", sagte er. „Unser Freund ist nicht mehr weit, ich kann seine Nähe schon fühlen."

Wirklich dauerte es nicht mehr lange, bis sie Flügelschläge in der Luft vernahmen. „Nininja!", rief Saratah. „Wir haben schon so auf dich gewartet!"

„Ich weiß", sagte der Vogel und ließ sich neben den Kindern nieder. „Ich bin geflogen, so schnell ich konnte. Doch mein Weg war weit. Seht, ich habe euch die Nacht mitgebracht."

„Wir sind froh, dass du wohlbehalten bei uns angekommen bist, mein Freund", erwiderte der Baum. „Auch ich hatte mir, ehrlich gesagt, schon Sorgen um dich gemacht."

„Ach was, Sorgen", versuchte Nininja zu scherzen. „Es gab Zeiten, da war ich wochenlang unterwegs…"

„Nun, das waren andere Zeiten", sagte der Baum, „Zeiten, in denen die Geschichte vom Ungeheuer aus der Erde nur ein Märchen war, vor dem sich niemand fürchten musste. – Doch nun sprich, wie ist es dir ergangen? Hast du den Herrn der Winde getroffen?"

„Ja, aber es war nicht einfach", sagte Nininja. „Du weißt ja, dass ich ihn früher oft besucht habe. Aber jetzt ist er kaum daheim. Er jagt auf der ganzen Welt umher, von einem Kontinent zum anderen. Er versucht, die wenigen Regenwolken, die noch da sind, zusammenzutreiben. Einer Sintflut gleich sollen sie ihre Wasser vom Himmel regnen lassen und Untu Ulu vernichten."

„Das wäre wunderbar, wenn ihm das gelänge!", rief Saratah.

Nininja schüttelte den Kopf. „Es gibt nicht mehr viele Wolken. Ohne die Regenkönigin können sie nichts ausrichten. Sie sind zu schwach. – Ja, das Ungeheuer hat ganze Arbeit geleistet. All die Jahre, die es unter der Erde lebte, hatte es nur eines im Sinn: sich die Welt untertan zu machen. Und es hat einen teuflischen Plan ersonnen.

Untu Ulu verlangte von der Regenkönigin, dass es nicht mehr regnen solle auf der Welt, nicht einen einzige Tropfen. Doch die lachte nur über sein Ansinnen. – Keiner weiß, wie es ihm gelungen ist, sie in seine Gewalt zu bekommen. Den Rest der Geschichte kennt ihr."

„Hast du erfahren, wohin Untu Ulu die Regenkönigin verschleppt hat?", fragte der Baum.

Der Vogel antwortete: „Nach dem vergessenen Land. Aber für Menschen, sagte mir der Herr der Winde, für Menschen gibt es keinen Weg dorthin."

15.

Saratah wurde es heiß und kalt zugleich, als sie das hörte. Sie sprang hoch und stampfte mit den Füßen auf. „Nie und nimmer werde ich das glauben!", rief sie. „Es muss einen Weg geben, den wir gehen können! Ich will, dass es einen Weg gibt!"

Nininja schwieg; es gab nichts, was er ihr sagen konnte.

„Bitte, Nininja!" Saratahs Stimme klang so, als wolle sie jeden Moment weinen. Aber sie unterdrückte ihre Tränen und sagte: „Du hast selbst gesagt, dass man immer hoffen muss!"

„Ja, das habe ich gesagt", antwortete Nininja. „Und ich wollte, ich könnte dir helfen. Aber ich weiß nur, dass das vergessene Land irgendwo hinter der roten Wüste liegt."

„Und wenn wir diese Wüste durchqueren?", fragte Kleiner Stern. „Dann müssen wir doch irgendwann im vergessenen Land ankommen."

Der Baum hatte die ganze Zeit über schweigend zugehört. Jetzt sagte er: „Die rote Wüste ist unendlich groß."

„Ich weiß, Oana", antwortete Saratah. „Und du willst mir sicher sagen, dass Kinder diese Wüste unmöglich überwinden können. Du weißt aber, dass wir es versuchen müssen. Wer außer uns sollte es sonst tun?"

Der Baum ließ einen tiefen Seufzer hören. „Drei Kinder in der großen Wüste, drei Kinder, die die Welt retten wollen... und vielleicht in ihr Verderben rennen."

„Du musst dir nicht so viele Sorgen machen. Natürlich werden wir die Welt retten", sagte Kleiner Stern, „das grüne Tal und die ganze Welt. Deshalb bin ich schließlich herab zur Erde gekommen, oder?"

Julian musste lachen und sagte: „Die Welt ist viel zu schön, als dass wir sie diesem Ungeheuer überlassen können. Einem Ungeheuer, dass ganz leicht zu besiegen ist – mit Wasser, mit Regen. Stellt euch vor, wir brauchen weiter nichts als einen großen Regen! Was macht es, wenn wir dafür durch die Wüste laufen müssen!"

„Ich wollte, ich könnte euch davor bewahren", sagte der Baum. „Ich wollte, ich hätte..."

„Ich weiß schon, Flügel statt Wurzeln", unterbrach ihn Nininja. „Nun, mein Freund, ein jeder muss das tun, was er kann. Du bleibst hier an deinem Platz und beschützt das grüne Tal mit all seinen Tieren. Ich aber werde die Kinder auf ihrem Weg begleiten und alles tun, was in meinen Kräften steht, um sie vor den Gefahren der Wüste zu bewahren."

Saratah, Julian und Kleiner Stern hätten sich am liebsten sofort auf den Weg gemacht. Doch sie mussten ihre Ungeduld bezähmen, denn es gab noch mancherlei zu bedenken und zu tun.

2. Teil

Die rote Wüste

1.

Saratah hatte die rote Wüste schon einmal gesehen: an jenem Tag, an dem sie auf dem höchsten Wipfel des Baumes dem Himmel so nahe gewesen war und ihre Hilferufe und Träume in die Welt hinaus gesandt hatte. „Ich kann mich genau erinnern", sagte sie. „Von dort oben sah die Wüste sehr beeindruckend aus – wie ein unendlich weites rotes Meer."

„Wie ein unendlich weites rotes Meer", wiederholte der Baum. „Das ist ein guter Vergleich. Und du hast Recht, die Wüste ist beeindruckend und schön, so dass man nichts von den Gefahren ahnt, die auf einen jeden lauern, der sie durchqueren will. Ich würde euch gern davor bewahren, doch ich weiß, dass das unmöglich ist. Alles, was ich tun kann, ist euch zu sagen, was ich von der roten Wüste weiß."

Und der wunderbare Baum begann zu erzählen: dass die Wüste am Tag glühend heiß, in der Nacht aber bitter kalt sei; dass es nur wenige Wasserstellen gäbe und eine einzige grüne Oase; dass sie viele Tage brauchen würden, um sie zu durchqueren; dass sie verloren seien, wenn sie sich verirren oder die Oase verfehlen würden.

Die Kinder hörten ihm aufmerksam zu. „Du musst dir nicht so viele Sorgen machen, Oana. Wie sollten wir uns verirren, wenn Nininja bei uns ist", sagte Saratah.

69

„Deine Tochter hat Recht, mein Freund", stimmte der Vogel ihr zu. „Ich werde schon achtgeben, dass die Kinder nicht vom rechten Wege abkommen."

Der Baum sorgte sich trotzdem. Auch wenn Nininja die Kinder begleiten würde, war es nicht ungefährlich, zu Fuß durch die rote Wüste zu gehen. Und wer weiß, was sie erst hinter der Wüste, im vergessenen Land, erwartete… Weil er sie aber nicht unnötig beunruhigen wollte, sprach er nicht mehr von seinen Bedenken.

Julian, Kleiner Stern und Saratah wollten am anderen Morgen kurz nach Sonnenaufgang aufbrechen. Saratah fiel der Abschied schwer. Sie presste ihr Gesicht an die Rinde des Baumes und unterdrückte ihr Schluchzen. Aber Oana wusste auch so, dass sie weinte. Er versuchte sie zu trösten, obwohl er selbst Trost nötig hatte.

„Ich wollte, ich könnte mit euch kommen. Ich wollte, ich könnte euch beschützen. So aber kann ich nur mit meinen Gedanken bei euch sein", sagte er.

„Ich weiß", erwiderte Saratah. „Auch ich werde immer an dich denken, jeden Tag und jede Stunde. Sei nicht traurig; wir sind bestimmt bald wieder bei dir."

Julian ließ sein Buch in der Obhut des wunderbaren Baumes zurück, denn sie brauchten seinen Rucksack: Bis zum Rand füllten sie ihn mit den Früchten des Baumes, damit sie unterwegs ihren Hunger und Durst stillen konnten. Dann machten sie sich auf den Weg. Nininja flog voran. Noch ein letztes Mal winkten sie Oana zu.

Ein merkwürdiges Gefühl beschlich Saratah, als sie die altbekannten Pfade, die sie so oft gegangen war, verließ. Sie meinte, nun müssten sie bald am Ende des grünen Tales anlangen. Doch erst Stunden später, als die Sonne schon hoch am Himmel stand, spürten sie die Nähe der roten Wüste. Das Gras stand in dünnen Büscheln da und sah aus wie vertrocknet. Nur noch vereinzelt spendeten kleinwüchsige Bäume und dornige Sträucher den Kindern etwas Schatten. Die Hitze setzte ihnen zu, und sie bekamen eine Ahnung von dem, was sie erwartete.

Nininja kam herabgeflogen und berichtete ihnen, dass er in einiger Entfernung ein Wasserloch entdeckt habe. Gegen Abend kamen sie dort an. Sie tranken sich satt an dem klaren Wasser und beschlossen, die Nacht an diesem Ort zu verbringen.

2.

In aller Frühe setzten sie ihren Weg fort. Sie schauten nie zurück. So bemerkten sie nicht den mächtigen Löwen, der ihnen in einiger Entfernung folgte.

Dann lag die Wüste vor ihnen. Das Licht der Morgensonne beleuchtete einzelne Felsen, die im Sand verstreut dortlagen, als hätte ein Riese sein Spielzeug weggeworfen. Meterhohe Dünen erinnerten an ein aufgebrachtes Meer, nur dass die Wellen dieses Meeres nicht aus aufgepeitschten Wassern, sondern aus rotem Sand waren. Geheimnisvoll und auf eine eigenartige Weise schön sah die Wüste aus, und Saratah hielt unwillkürlich den Atem an.

„Wie der rote Sand in der Sonne leuchtet! Ich weiß gar nicht, wohin ich zuerst schauen soll!", rief sie.

Während sie dastand und das Dünenmeer staunend betrachtete, sagte Nininja zu ihr: „Dies hier ist der Ort, Saratah, von dem ich dir schon manches Mal erzählt habe: der Ort, an dem ich dich damals gefunden habe."

Das Mädchen nickte und sah sich noch aufmerksamer um.

Julian und Kleiner Stern wollten genau wissen, was sich damals zugetragen hatte. Und so erzählte ihnen Nininja Saratahs Geschichte.

„Ohne Nininja wäre ich gewiss umgekommen in dieser gewaltigen Wüste", sagte Saratah, als der Vogel geendet hatte.

Kleiner Stern nickte. „Sie ist wirklich gewaltig", sagte er.

„Aber auch wunderschön, so schön wie ein Märchen", setzte Julian hinzu. „Allein diese Farbe!"

Nininja nickte. „Gewiss, aber darüber dürft ihr nie vergessen, wie gefährlich der Weg ist, der vor euch liegt. Die Trockenheit und die Hitze des Tages, die Kälte der Nacht, die Sandstürme – das alles wird uns nicht erspart bleiben. Vor allem aber ist die Wüste von gewaltigem Ausmaß. Für den, der sie nicht genau kennt, ist es fast unmöglich, die Orientierung zu behalten. Aber vom

Himmel her kann ich euch den rechten Weg zeigen und euch sicher geleiten. Das wichtigste ist, dass ihr immer zusammen bleibt: Wenn ihr niemals getrennte Wege geht und mir dahin folgt, wohin ich euch führe, kann euch nichts geschehen."

Mit diesen Worten erhob sich der Vogel in die Lüfte. „Kommt, wir haben schon genug Zeit versäumt", rief er ihnen zu.

Die Kinder beeilten sich. Immer noch begeisterte sie der Anblick der roten Dünen, durch die sie wanderten. Immer wieder stießen sie auf bizarr geformte Felsbrocken, die aus dem Dünenmeer emporragten. Ab und zu wagten sich ein paar halb verdorrte Grasbüschel oder dornenbesetzte Sträucher aus dem Sand hervor. Noch war es angenehm kühl, und sie kamen gut voran. Doch je höher die Sonne stieg, um so heißer wurde es. Das Laufen fiel ihnen zusehends schwerer. Der Sand schien zu glühen, und die Luft flimmerte vor Hitze. Bald wurde ihnen jeder Schritt zur Qual.

Nininja, der den Kindern stets ein Stück voraus war, ahnte, wie sehr sie unter der sengenden Sonne litten. Er kam zu ihnen herab geflogen und sagte: „Haltet noch ein Weilchen aus. Dort vorn habe ich einen großer Felsen gesehen. In seinem Schatten könnt ihr euch ausruhen, bis die ärgste Hitze vorüber ist. Kommt, folgt mir!"

Wirklich stießen sie wenig später auf einen großen, vom Wind glatt geschliffenen Sandfelsen, der einen langen Schatten warf. Dort ließen sie sich nieder. Sie stärkten sich an Oanas Früchten und schliefen wenig später vor Erschöpfung ein.

Erst als der Abend nahte, wurden sie von Nininja geweckt. Zwar schien noch immer die Sonne, doch die Kraft der Mittagsstunden hatte sie verlassen. Mit frischem Mut setzten die Kinder ihren Marsch fort.

Bald kam die Abenddämmerung. Sie tauchte die Wüste in ein geheimnisvolles Licht. Zwischen den roten Sanddünen taten sich geheimnisvolle Täler aus schwarzen Schatten auf. Ein wohltuend kühler Windhauch strich über den Sand und ließ die Hitze des Tages vergessen. Der Dämmerung folgte eine tiefschwarze Nacht mit unzähligen funkelnden Sternen, die zum Greifen nahe schienen.

Saratah legte den Kopf in den Nacken, um sie besser betrachten zu können. „So nah waren die Sterne noch nie", sagte sie. „Man könnte meinen, dass man nur die Hand auszustrecken braucht, um einen von ihnen zu berühren." Sie stellte sich auf die Zehenspitzen und streckte ihre Arme weit empor.

Kleiner Stern lachte. „Das scheint nur so, Saratah. In Wirklichkeit sind sie unendlich weit entfernt."

„Du musst es ja wissen, Kleiner Stern", antwortete das Mädchen und zog fröstelnd die Schultern hoch. „Mir ist kalt."

Julian nickte. „Mir auch."

Kleiner Stern sagte: „Ich habe so lange in der Kälte des Himmels gelebt, dass mir das kaum etwas ausmacht.

Aber wir sollten weitergehen. Wenn ihr euch bewegt, friert ihr nicht so leicht."

Sie befolgten seinen Rat. Das Licht des Mondes half ihnen, den Vogel zu erkennen, der immer vor ihnen herflog. Irgendwann aber waren sie so müde, dass ihre Füße sie nicht mehr weitertragen wollten. Sie hatten nur noch einen Gedanken: Schlafen.

Hinter einer großen Düne legten sie sich nieder. Der Sand war noch warm; er hatte etwas von der Glut des Tages zurückbehalten. Aber die Nachtluft sog die Wärme rasch auf, und es wurde zusehends kälter.

Saratah in ihrem dünnen Kleid fror entsetzlich. Sie zitterte am ganzen Körper. Kleiner Stern kramte in Julians Rucksack. Endlich zog er seinen zerrissenen Umhang hervor und reichte ihn dem Mädchen.

„Ich wünschte, es wäre eine warme Decke", sagte er, „aber leider ist es kaum mehr als ein Hauch."

Saratah deckte sich mit dem goldenen Umhang zu. Und obwohl diese Decke wirklich kaum mehr als ein Hauch war, wurde ihr sofort wärmer. „Seltsam, dass so ein dünner Umhang vor der Kälte schützen kann", flüsterte sie. „Der ist wohl aus einem ganz besonderen Stoff gemacht, wie es hier auf der Erde keinen gibt. – Julian, du frierst bestimmt auch. Komm, leg dich zu mir."

Eng aneinander geschmiegt schliefen die beiden ein. Nur Kleiner Stern fand lange keinen Schlaf, obwohl er sehr müde war. Leise unterhielt er sich mit Nininja, bis auch ihm endlich die Augen zufielen.

Mitten in der Nacht spürte Saratah erneut, wie die Kälte in ihr hochkroch. Schlaftrunken tastete sie nach dem Umhang und stieß dabei an einen warmen Körper. „Julian?", murmelte sie und kroch der Wärme nach. Mit einem zufriedenen Seufzer glitt sie wieder hinüber in den Schlaf.

Als sie am Morgen die Augen aufschlug, fand sie sich nicht neben Julian, sondern neben einem ausgewachsenen Löwen. Er war es, der sie in der kalten Nacht gewärmt hatte.

Saratah wunderte sie sich. „Wo kommst du denn her, Mustafa?"

„Als ihr das grüne Tal verlassen habt, bin ich euch gefolgt", antwortete der Löwe. „Ich wollte in eurer Nähe sein, falls ihr irgendwann Hilfe braucht. Ich habe bemerkt, wie kalt dir war und mich zu dir gelegt."

„Danke, lieber Mustafa!", rief Saratah. Sie stand auf und dehnte sich. „Ich habe wunderbar geschlafen an deiner Seite."

„Wenn ihr nichts dagegen habt, würde ich euch gern ein Stück begleiten auf eurem Weg nach dem vergessenen Land", sagte Mustafa. „Vielleicht kann ich euch nützlich sein."

Saratah riss ihre Augen erstaunt auf. „Du weißt von dem vergessenen Land?"

„Natürlich", antwortete der Löwe. „Ich weiß auch von Untu Ulu und von der Regenkönigin Modjadij. Alle Tiere im Tal wissen es. Wir wissen auch, dass wir verloren sind, wenn es nicht gelingt, die Regenkönigin zu befreien. Es ist gut, dass ihr euch auf den Weg gemacht habt. Ihr seid unsere ganze Hoffnung."

Das Mädchen umarmte den Löwen. „Ich bin froh, dass du mit uns kommen willst", sagte sie. „Bestimmt können wir deine Hilfe brauchen. Wer weiß, was uns noch alles bevorsteht. Und es wäre schön, wenn du mich in der nächsten kalten Nacht wieder wärmen könntest."

„Das werde ich gerne tun, Baumkind", gab Mustafa zur Antwort.

So setzten sie also den Marsch durch die rote Wüste zu viert fort – immer auf dem Weg, den Nininja ihnen wies.

Wieder wurde es bald drückend heiß. Ein leichter Wind wehte, doch er brachte keine Kühlung, sondern blies ihnen nur heiße Luft entgegen. Und wohin sie sich auch wandten, in welche Richtung sie ihre Blicke schweifen ließen – stets bot sich ihnen das gleiche Bild: ein Meer aus rotem Sand ohne Anfang und ohne Ende. Meterhohe Dünen und weite Ebenen mit kleinen sanften Wellen wechselten einander ab, und irgendwo fern am Horizont berührte die Wüste den Himmel.

Plötzlich rief Julian: „Seht doch, seht! Da ist die Oase, die wir suchen!"

Alle konnten es sehen: In der Ferne glitzerte Wasser in der Sonne. Dahinter erhoben sich baumbestandene Hügel. Sogar einzelne Häuser waren zu erkennen.

Saratah stieß einen Freudenschrei aus und rief nach Nininja. Aber der war zu weit entfernt und konnte sie nicht hören. Sie rannten los, um die Oase schneller zu erreichen. Doch schon nach kurzer Zeit hielten sie nach Atem ringend inne. Seltsam, ihrem Ziel waren sie kein Stück näher gekommen. Wieder riefen sie nach Nininja. Diesmal hörte er ihr Rufen und kam sofort zu ihnen.

„Die Oase, Nininja, die Oase!"

„Wie weit müssen wir noch gehen?"

„Sicher sind wir bald dort!" Saratah, Julian und Kleiner Stern riefen vor Aufregung durcheinander.

Nininja schüttelte den Kopf. Es tat ihm leid, die Kinder enttäuschen zu müssen. „Da ist keine Oase", sagte er. „Was ihr da seht, ist nichts anderes als eine Fata Morgana."

Die Kinder beharrten darauf, dass sie das Wasser doch sehen könnten und die grünen Bäume an seinem Ufer.

„Da ist ein richtiger großer See, so groß, dass wir darin baden können!", rief Julian mit glänzenden Augen.

„Ihr müsst mir glauben, dass dieses Bild nur eine Fata Morgana, eine trügerische Luftspiegelung ist", wiederholte Nininja. „Sie gaukelt uns ein Bild einer Landschaft vor, die weit hinter dem Horizont liegt. Eine optische Täuschung will uns weismachen, dass sie greifbar nahe ist. Aber es ist nichts weiter als ein Trugbild."

Saratah, Kleiner Stern und Julian konnten den Worten des Vogels nur schwer glauben. Aber bald merkten sie, dass Nininja Recht hatte. Sie kamen der Oase nicht einen

Meter näher, obwohl sie rasch ausschritten. Und mit einem Male war die Erscheinung völlig verschwunden. Wie am Vortage legten sie in der größten Mittagshitze eine Rast ein und zogen weiter, als die Abenddämmerung nahte. Und wieder wurde es mit Einbruch der Nacht empfindlich kühl. Als ihre Füße sie nicht mehr tragen wollten, legten sie sich nieder. Saratah kroch wieder dicht an Mustafas Körper heran und ließ sich von ihm wärmen.

3.

Zwei Tage später tauchte abermals eine baumbestandene Hügelkette am Horizont auf.

„Dieses Mal ist es keine Fata Morgana", sagte Nininja. „Dieses Mal ist es die Oase, die wir suchen."

Eben noch waren die drei Kinder erschöpft gewesen. Jetzt vollführten sie einen Freudentanz. Sie vergaßen ihre Müdigkeit und stürmten mit neuer Kraft vorwärts.

Es war ein herrliches Gefühl, wieder über grünen Rasen zu laufen. Zahlreiche Bäume spendeten wohltuenden Schatten. Neben üppigen grünen Sträuchern wuchsen duftende Blumen. Flache, aus roten Steinen gebaute Häuser drängten sich dicht aneinander.

An einem Brunnen spielten Kinder. Neugierig kamen sie herbeigerannt, als sie die Ankömmlinge sahen. Doch als sie den Löwen an Saratahs Seite erblickten, stoben sie schreiend auseinander.

Saratah lief ihnen hinterher. „Ihr braucht keine Angst zu haben!", rief sie ihnen zu. „Mustafa gehört zu uns und wird niemandem etwas zu Leide tun."

Zögernd kamen die Kinder aus ihren Verstecken hervor und wagten sich näher heran. Einige Frauen, die mit Früchten beladene Körbe trugen, setzten ihre Last ab und eilten herbei. Auch sie erschraken beim Anblick des Löwen. Doch als sie sahen, wie friedlich er bei den Kindern stand und wie vertraut die mit ihm umgingen, beruhigten sie sich rasch.

Immer mehr Dorfbewohner strömten herbei. Eine alte Frau mit schlohweißem Haar und einem von tausend Fältchen durchzogenem Gesicht hieß die Ankömmlinge willkommen. Sie wies ihnen einen Platz im Schatten eines großen Baumes zu. Man brachte ihnen Krüge mit frischem Wasser und reichte ihnen Brot und süße Früchte. Auch Mustafa und Nininja wurden nicht vergessen.

„Esst und trinkt", sagte die weißhaarige Alte. „Und dann erzählt uns, woher ihr kommt und wohin euch euer Weg führt."

Als sich Saratah, Kleiner Stern und Julian gestärkt hatten, erzählten sie den Dorfbewohnern, die sie umringten, ihre Geschichte. Sie erzählten vom grünen Tal und dem wunderbaren Baum und von der Gefahr, die ihnen allen drohte. Sie sprachen von der Regenkönigin Modjadij und dem Ungeheuer Untu Ulu, das sie entführt hatte.

Die Menschen hörten ihnen aufmerksam zu. Als die Kinder geendet hatten, herrschte betroffene Stille. Schließlich erhob sich die weißhaarige Frau und sagte: „Das also ist es! Auch wir haben schon seit einiger Zeit festgestellt, dass unsere Brunnen weniger Wasser geben; und an den letzten Regen können wir uns kaum noch erinnern, solange ist das her." Sie seufzte und schwieg. Auch von den anderen Zuhörern, die im Kreis um die Kinder saßen, sprach keiner ein Wort.

Endlich fuhr die Alte fort: „Wir haben keinen Grund, an euren Worten zu zweifeln. Es gehört viel Mut dazu, den Weg in das vergessene Land zu gehen. Wir wissen, dass dieses Land irgendwo hinter der roten Wüste liegt, aber keiner von uns ist jemals dort gewesen. Ich bin schon sehr alt, aber ich kann mich nicht erinnern, dass auch nur ein Mensch gewagt haben sollte, die gewaltigen Wasserfälle zu überwinden, die den Zugang zum vergessenen Land verwehren. Selbst den Tapfersten fehlte dazu der Mut. Wie soll es da aber drei Kindern gelingen…"

Sie machte eine müde Handbewegung. „Wir würden euch gern helfen, denn das Unheil, von dem ihr uns berichtet, betrifft uns nicht weniger als euch und alle anderen Menschen auf der Welt. Wenn ich nur wüsste, wie…" Ratlos ließ sie ihre Hände sinken.

Ein junger Mann erhob sich und trat auf sie zu. Er verneigte sich vor ihr und sprach: „Großmutter, quäle dich nicht mit dunklen Ahnungen und Gedanken! Lass nicht zu, dass die Sorgen dich erdrücken. Bisher hast du noch auf jede Frage eine Antwort gefunden. Dieses Mal wird es nicht anders sein."

Ein zustimmendes Gemurmel ertönte. Auf dem Gesicht der alten Frau erschien ein Lächeln. Sie fuhr sich mit der Hand über die Stirn, als wolle sie einen bösen Traum verscheuchen.

„Vielleicht hast du Recht, mein Sohn", sagte sie. „Auf jede Frage gibt es eine Antwort; man muss nur Geduld haben. Warten wir einfach ab, was geschieht. Es heißt nicht umsonst, dass der Morgen klüger ist als der Abend. Bis dahin sollten wir uns freuen, dass diese drei Kinder mit ihren Begleitern den Weg zu uns gefunden haben. Lasst uns ihnen zu Ehren ein Fest geben!"

„Ein Fest! Jawohl, lasst uns ein Fest feiern!", erscholl es ringsum. Der Kreis der Zuhörer öffnete sich. Alle hatten es auf einmal sehr eilig. Sie sprangen auf und liefen geschäftig hin und her. Die alte Frau aber winkte den Kindern, ihr zu folgen. Auch Mustafa und Nininja bedeutete sie mitzukommen.

4.

„Euer Weg war lang und beschwerlich. Ihr solltet euch ein wenig ausruhen, bevor das Fest beginnt", sagte die Frau und führte sie zu ihrer Hütte, die unter einem Baum mit weit ausladenden Ästen stand. „Auch eure Tiere haben sich eine Ruhepause verdient."

Saratah, Kleiner Stern und Julian waren überrascht, als sie ihnen die Tür öffnete. Drinnen war es angenehm kühl.

„Seid willkommen in meinem Haus." Im Halbdunkel erkannte Saratah eine kleine Gestalt, die auf die weißhaarige Alte zusprang und sich hinter ihrem Rock verbarg. Ängstlich lugte ein schmales Gesichtchen mit dunklen Kringellocken und großen Augen hervor.

„Du kannst getrost hervorkommen, Sindri. Das sind liebe Gäste."

Zögernd, sich immer noch mit der Hand am Rock der Frau festklammernd, wagte sich ein kleiner Junge hervor. Die dunklen Augen schauten Saratah unverwandt an. Dann wanderten seine Blicke zu den beiden Jungen.

Saratah lächelte dem Jungen, der kaum vier Jahre alt sein mochte, zu. „Du brauchst wirklich keine Angst vor uns zu haben", sagte sie und streckte ihm ihre Hand entgegen.

Der Junge zögerte noch immer. „Ihr habt einen Löwen mitgebracht", flüsterte er.

„Mustafa? Vor dem musst du dich nicht fürchten. Der mag nämlich Kinder", erwiderte Saratah.

„Kommt, tretet näher!", sagte die alte Frau. „Ich bereite euch ein Lager. Wenn heute Abend das Fest beginnt, müsst ihr ausgeschlafen sein."

Die Kinder ließen sich auf die weichen Decken sinken und merkten erst jetzt, wie erschöpft sie waren. Sie schliefen, bis die Alte sie am Abend weckte. Frauen des Dorfes kamen zu ihnen und brachten ihnen neue Kleider. „Für das Fest", sagten sie, „jeder von uns legt heute sein schönstes Gewand an. Ihr sollt den anderen in nichts nachstehen."

Die Kinder kleideten sich an. Sie staunten über die kostbaren Gewänder, die man ihnen zugedacht hatte.

„Saratah, du siehst aus wie eine richtige Prinzessin", sagte Julian und schaute sie bewundernd an. Saratah nahm es nicht ernst und lachte. Aber sie freute sich trotzdem und lief hinaus vor die Tür, um sich Nininja und Mustafa zu zeigen. Sie streckte ihre Hand nach dem kleinen Jungen aus, der sie mit offenem Mund anstarrte.

„Komm zu mir, Sindri! Du wist sehen, dass Mustafa so lieb wie ein Kätzchen ist."

An Saratahs Hand wagte sich Sindri nah an Mustafa heran. „Sieh her, so kannst du ihn streicheln, das mag er sehr", sagte Saratah. Der Junge zögerte einige Sekunden, dann berührte er den Löwen vorsichtig mit seiner Hand. Und es dauerte nicht lange, da saß er neben Mustafa und streichelte und kraulte ihn, als wären sie beide schon von jeher miteinander vertraut.

„Nun lasst uns gehen", sagte die Alte schließlich. „Das Fest wird bald beginnen."

Die Bewohner der Oase hatten sich auf einem großen Platz versammelt. In einer Ecke loderte ein helles Feuer. Als Saratah, Kleiner Stern und Julian den Platz betraten, wurden sie von den Anwesenden freundlich begrüßt. Speisen und Getränke wurden aufgetragen, und man nötigte sie immer wieder zuzulangen.

Nach dem Essen kam die Frau mit dem weißen Haar zu ihnen. „Wir haben überlegt, wie wir euch helfen können", sagte sie. „Euch und uns und der ganzen Welt. – Ihr werdet jetzt einen Tanz sehen", erklärte sie weiter. „Mit diesem Tanz werden wir den Himmel und die Sonne und die Sterne bitten, euch zu helfen. Auch die Erde mit allem, was darauf lebt, bitten wir um Hilfe. Wir bitten um die Befreiung der Regenkönigin, damit die Welt von dem schreckliche Unhold erlöst werden kann."

Sie deutete auf einen jungen Mann, dessen nackter Oberkörper mit goldener Farbe bemalt war. Seltsam verschlungene Zeichen waren da zu sehen. Auch auf seiner Stirn trug er ein goldenes Mal. Sein dunkles Haar schmückten viele kleine Federn und Perlen. „Das ist Jagura, unser bester Tänzer. Er kann alles verzaubern mit seinem Gesang und seinem Tanz, nicht nur die Menschen. Wenn er des Nachts tanzt, leuchten die Sterne heller. Am Tage aber hält die Sonne in ihrem Lauf inne, um ihm zuzuschauen – so wundervoll sind seine Tänze."

Jagura trat auf die Kinder zu und verneigte sich vor ihnen. „Ich werde heute tanzen, wie ich noch niemals in meinem Leben getanzt habe", versprach er. „Ich werde die ganze Nacht hindurch tanzen, bis die Sonne aufgeht. Und ich werde mein schönstes Lied singen."

Mittlerweile hatten sich die Zuschauer in einem weiten Halbkreis niedergelassen. Saratah, Julian und Kleiner Stern hatten kaum ihre Plätze in der ersten Reihe eingenommen, als ein wilder Trommelwirbel den Jüngling auf die Tanzfläche rief. Mehrere Tänzer gesellten sich zu ihm. Die Musik setzte ein, und sie begannen zu tanzen.

Saratah wusste nicht, wohin sie zuerst schauen sollte. Ihre Füße zuckten im Takt der heißen Rhythmen, und sie konnte kein Auge von den Tanzenden wenden. Sie bewunderte ihre farbenprächtigen Kostüme und ihre geschmeidigen Körper, die eins mit der Musik waren. Sie bewegten sich mit schlafwandlerischer Sicherheit und einer Leichtigkeit, als ob ihnen die Musik Flügel verliehe. Ihre Füße schienen kaum den Boden zu berühren.

Allmählich verlor Saratah jedes Zeitgefühl. War es erst Mitternacht, oder nahte schon bald der nächste Morgen?

Nach und nach verließ ein Tänzer nach dem anderen den Kreis. Schließlich tanzte Jagura ganz allein. Die goldfarbenen Zeichen auf seinem Körper schimmerten im Licht des Mondes. Saratah konnte kein Auge von ihm wenden, und ein seltsamer Zauber erfasste sie. Sie wusste kaum, ob das, was sie sah, Wirklichkeit war oder nur ein Traum. Sie warf einen Blick auf die beiden Jungen an ihrer Seite und sah, dass sie genau so verzaubert waren wie sie selbst.

Endlich gelang es ihr, sich von Jaguras Anblick loszureißen. Sie blickte zum Himmel empor, der aussah, als wäre er aus weichem schwarzen Samt gemacht. Der Mond stand direkt über ihnen, riesengroß und aus reinem rotem Gold, und die Sterne leuchteten so, wie Saratah sie noch nie gesehen hatte.

Dann zog Jaguras Tanz sie erneut in seinen Bann. Er tanzte weiter, immer weiter nach einer geheimnisvollen Musik. Seine Augen waren halb geschlossen, und mit einem Mal begann er mit kraftvoller Stimme zu singen. Als der Himmel irgendwann von seiner Schwärze verlor und die Sterne allmählich verblassten, tanzte er noch immer, und er sang noch immer die gleiche Melodie. Beim ersten Schimmer des Morgenrotes aber hielt er einen Moment inne. Er ging auf Saratah, Kleiner Stern und Julian zu und zog sie zu sich in den Kreis.

5.

Saratah wusste kaum, wie ihr geschah. Sie wusste nicht, wie es zugehen konnte, dass sie genau so wie Julian und Kleiner Stern neben Jagura tanzte. Dass sie tanzte, als hätte sie nie etwas anderes getan. Sie spürte nicht die geringste Müdigkeit. Ihre Füße bewegten sich wie von selbst zu Jaguras Gesang, und sie spürte eine ungeheure Freude.

Jetzt endlich ging die Sonne auf. Die Menschen begrüßten sie mit einem Jubelschrei, der die Musik fast übertönte. Höher und höher stieg die Sonne, und ihre Strahlen berührten Jagura und die drei Kinder, die mit ihm tanzten.

Urplötzlich hielt die Musik inne. Jaguras Gesang verstummte. Nur das Schlagen der Trommeln war noch zu hören. Einen Augenblick lang stand die Zeit vollkommen still: Weder die Sonne noch die Erde schienen sich zu bewegen. Der Wind hielt den Atem an, und nicht der geringste Lufthauch war zu spüren. Kein Grashalm bewegte sich und an keinem Baum ein Blatt. Das Meer hatte keine Wellen mehr, und alle Wasser hörten auf zu fließen. Die Tiere zu Land, zu Wasser und in der Luft verharrten reglos, und auch die Menschen hielten in ihren Bewegungen inne – für ein paar Sekunden nur. Es war der Augenblick, in dem alles, was auf der Erde lebte, Jaguras Botschaft empfangen konnte.

Mit einem Mal aber war der Zauber vorbei. Die Musik setzte wieder ein. Jagura tanzte noch einen kurzen Tanz. Dann hob er die Arme und verließ den Kreis. Man sah ihm an, wie erschöpft er war. Er konnte sich kaum noch auf den Füßen halten.

Auch Saratah, Julian und Kleiner Stern konnten ihre Augen kaum noch offen halten. Sie schliefen, bis ihre Gastgeberin sie am späten Nachmittag weckte. Die alte Frau sah sehr zufrieden aus. „Jaguras Zauber hat gewirkt. Seine Botschaft ist angekommen. Wir konnten es alle spüren", sagte sie lächelnd.

„Ich habe es auch gespürt", flüsterte Saratah. Sie brauchte eine Weile, um in die Wirklichkeit zurückzufinden. Im Traum hatte sie Jaguras goldbemalten Körper, der sich im Rhythmus der Musik bewegte, gesehen. Und sein Lied klang immer noch in ihren Ohren.

Kleiner Stern sagte: „Ich fühle mich wie verzaubert. Als ich ein Stern war, habe ich oft genug von oben herabgeschaut und die Erde betrachtet. Ich dachte, ich hätte alles gesehen und wüsste über die Welt Bescheid. Doch erst seit gestern weiß ich, was Musik ist und wie wunderbar ein Tanz sein kann. Ich bin sehr froh, hier bei euch auf eurer schönen Erde zu sein."

Saratah lächelte und sagte: „Kleiner Stern, auch wir sind froh, dass du bei uns bist."

Julian hatte wieder einen seiner seltsamen Träume gehabt. „Sonne und Sterne, Wind und Meer, Flüsse und Seen, Pflanzen und Tiere – alle haben Jaguras Botschaft empfangen. Alle versprachen, uns zu helfen, die Regenkönigin zu finden. Alle außer einem – dem heißen Wüstenwind. Der verlachte die anderen und machte sich über uns lustig."

Die alte Frau hatte den Kindern aufmerksam zugehört. Nun sprach sie: „Kommt, setzt euch. Mein Tisch ist gedeckt. Esst und trinkt und ruht euch aus bis morgen früh. Euer Weg durch die Wüste ist noch weit, und keiner kann sagen, was euch im vergessenen Land erwartet."

Plötzlich stand der kleine Sindri neben ihr. „Müsst ihr wirklich schon gehen?", fragte er. Seine Augen waren groß und traurig. „Mustafa ist doch mein Freund geworden…"

Saratah fuhr ihm mit der Hand durch seine dunklen Locken und antwortete: „Ja, Sindri. Morgen früh bei Sonnenaufgang werden wir die Oase verlassen."

Bei Tagesanbruch wurden die Kinder von der Alten geweckt. Sie reichte ihnen einen prall gefüllten Sack aus grobem Leinen und einen mit Wasser gefüllten Schlauch. „Hier, nehmt das, damit ihr unterwegs nicht Hunger und Durst leiden müsst. – Euer Weg wird nicht leicht sein; aber seid getrost, ihr werdet überall Hilfe erhalten. Nur vor dem Wüstenwind, von dem Julian geträumt hat, müsst ihr euch in Acht nehmen."

Die Dorfbewohner hatten sich versammelt und begleiteten sie bis zum Rande der Oase. Dort verabschiedeten sie sich und gaben ihnen alle guten Wünsche mit auf den Weg. Die alte Frau, die sie beherbergt hatte, nahm die Kinder zum Abschied in die Arme.

„Ich wünsche euch alles Glück der Welt", sagte sie. „Euch und uns wünsche ich, dass euer Unternehmen erfolgreich sein möge. Wenn es euch nicht gelingt, die Regenkönigin zu befreien, sind wir allesamt verloren. Unsere Gedanken und Wünsche werden euch begleiten. Kommt gesund zurück!"

Saratah spürte einen Kloß im Hals und konnte nicht sprechen; so nickte sie nur und wandte sich zum Gehen. Kleiner Stern und Julian folgten ihr. Nininja war schon vorausgeflogen. Der Löwe Mustafa aber ging nicht mit ihnen. Er war spurlos verschwunden.

6.

Bald war die Oase hinter dem Horizont versunken, und die Wüste zeigte sich so, wie sie sie schon kannten. Rasch hatten sie sich wieder an die endlose Weite gewöhnt. Wieder liefen sie, bis ihnen die glühende Mittagshitze den Atem nahm und sie eine Rast einlegen mussten.

Immer wieder fragten sie Nininja, der oftmals ein Stück voran flog, ob er vielleicht das Ende der Wüste sehen könne. Doch Nininja verneinte ein jedes Mal.

„Ungeduld bringt euch nicht weiter", sagte er ihnen. „Geht einfach euren Weg und verschwendet nicht eure Gedanken daran, wie lang dieser Weg noch sein mag."

Als sich die Sonne anschickte unterzugehen, regte sich ein heißer Wind. Während sie weitergingen, spürten sie, wie er zusehends an Kraft gewann. Hier und da peitschte er den Sand auf, wirbelte ihn durch die Luft und blies ihnen den heißen Staub ins Gesicht. Mit gesenkten Köpfen gingen sie weiter, bis sie zu einem hoch aufragenden Felsen kamen. Er bot ihnen Schutz vor dem Wind, und sie beschlossen, ihr Nachtlager in seinem Schatten aufzuschlagen.

Wie immer kühlte es sich rasch ab. Saratah kauerte sich dicht an den Felsen, der noch etwas von der Hitze des Tages gespeichert hatte. Sie dachte an Mustafa und seufzte. Ach, mein treuer Freund, meine Nächte werden kalt sein ohne dich…

Julian öffnete den Leinensack. „Sieh doch, Saratah, du brauchst nicht zu frieren!", rief er und streckte ihr einen Umhang aus weicher Wolle entgegen. Saratah schoss das Wasser in die Augen, als sie danach griff. Wie sollte sie das der alten Frau danken…

In der Nacht wuchs der Wind zu einem Sturm an. Die Kinder fanden keine rechte Ruhe; immer wieder schreckte sie sein unheimliches Heulen auf.

Sie waren froh, als der Morgen endlich dämmerte. Vielleicht würde der Sturm bei Tage nachlassen. Doch als sich die Nacht verabschiedete, gab es kein Morgenrot und keinen blauen Himmel wie sonst all die Tage. Die Sonne war versteckt hinter schmutzig gelben Schwaden, die bis zum Horizont hin reichten.

Saratahs Blicke wanderten am Himmel entlang. Sie erschrak. Der Sturm hatte ein Gesicht, eine entsetzliche Fratze. Wie ein wutentbrannter Drachen tobte er und schaute sie drohend an. Voller Entsetzen schloss sie ihre Augen. Doch als sie sie Sekunden später wieder öffnete, war die Erscheinung verschwunden. Hatten ihre Sinne sie genarrt?

Als sich die Kinder hinter dem schützenden Felsen hervor wagten, warf sich ihnen der Sandsturm mit voller Gewalt entgegen. Er riss an ihren Haaren, ihren Kleidern und versuchte, sie zu Boden zu werfen. Es kostete sie ihre ganze Kraft, sich ihm entgegenzustemmen und weiter zu gehen. Mühsam, Schritt für Schritt, kämpften sie sich vorwärts.

Bald aber begann der Sturm noch heftiger zu toben. Von dem hässlichen gelbfarbenen Himmel war nichts mehr zu sehen. Es gab keinen Himmel und keine Erde mehr. Es gab nichts mehr außer rotem Sand. Er war einfach überall.

Es half nichts, dass sie ihre Gesichter mit den Händen zu schützen versuchten: Der Sandstaub drang ihnen in Nase und Mund, setzte sich im Hals fest und suchte sich seinen Weg bis in die Lunge. Das Atmen fiel schwer, die Haut brannte, und die Augen schmerzten. Sie vermochten kaum noch etwas zu sehen. Längst hatten sie jegliche Orientierung verloren. Sie schleppten sich nur noch vorwärts, Meter um Meter.

Oder war es gar kein Vorwärtsgehen mehr? Liefen sie womöglich im Kreise? Wo war ihr Weg, in welche Richtung mussten sie gehen? Sie hatten keinerlei Anhaltspunkte.

Nininja, dem der Sturm das Gefieder zauste, meinte, dass es keinen Zweck habe, weiterzugehen. „Wenn wir uns verirren, kann es unser aller Leben kosten", sagte er. „Bleibt hier an dieser Stelle. Ich werde versuchen, weit hinaufzusteigen, bis dahin, wo man den Himmel wieder sieht. Dann kann ich euch sagen, in welche Richtung ihr gehen müsst."

Saratah schüttelte den Kopf. „Um Himmels willen, Nininja, das ist viel zu gefährlich!" Der Sturm riss ihr die Worte von den Lippen, aber der Vogel wusste, was sie ihm sagen wollte.

„Ich muss es wagen, wir haben keine andere Möglichkeit", erwiderte er. „Wer weiß, wann dieser schreckliche Sturm sich legt – bis dahin können wir uns hoffnungslos verirrt haben. Wartet hier auf mich, bis ich zurückkomme." Er richtete sich auf, tat ein paar Flügelschläge – schon hatte ihn der Sandsturm verschluckt.

Saratah sank in die Knie und rollte sich zusammen wie ein Igel, den Kopf verbarg sie unter ihren Armen. Julian und Kleiner Stern taten es ihr gleich. Sie rückten eng zusammen und bildeten einen kleinen Kreis. So konnten sie sich am besten vor der Gewalt des heißen Sandes schützen, der über sie hinweg raste.

Sie kauerten da und warteten auf Nininjas Rückkehr. Der Sturm heulte ohne Unterlass. Immer wieder mussten sie sich von dem Sand befreien, der sie unter sich zu begraben drohte. Eine Ewigkeit schien vergangen, seit der Vogel sie verlassen hatte. Sie warteten und warteten, aber er kam nicht zurück.

Die Kinder sorgten sich. Vor allem Saratah wurde immer unruhiger. Sie machte sich Vorwürfe, dass sie Nininja nicht zurückgehalten hatte. Er wird irgendwo Zuflucht gefunden haben und warten, bis das Unwetter vorüber ist, versuchte sie sich einzureden.

In der Nacht legte sich endlich der Sturm. Doch als der neue Tag anbrach, war Nininja immer noch nicht zurückgekehrt. Sie schüttelten den Sandstaub von ihren Kleidern, so gut es ging. Immer wieder wanderten ihre Blicke zum Himmel empor – doch vergeblich, der Vogel war nicht zu sehen.

Sie saßen da und warteten, ohne dass irgend etwas geschah. Die Zeit schien ihnen wie eine Ewigkeit.

Was sollten sie tun? Noch länger auf diesem Fleck ausharren? Aber die Sonne stieg rasch höher. Sie mussten sich nach einem schattigen Platz umsehen.

Doch wohin sollten sie sich wenden, in welche Richtung gehen? Ratlos sahen sie sich um. Der Sturm hatte die Landschaft verändert. Nicht weit von ihnen türmten sich meterhohe Dünen auf, die vorher nicht da gewesen waren.

Kleiner Stern wies mit der Hand zu den Dünen hin. „Dort hätten wir ein wenig Schatten", sagte er. „Und wenn Nininja zurückkommt, wird er uns nicht übersehen."

Saratah nickte. Das war ein guter Vorschlag. Aber obwohl es im Schatten angenehmer war, wurde ihr das Warten auf Nininja bald unerträglich. Immer wieder sprang sie auf und rief ihn laut bei seinem Namen.

„Vielleicht sollten wir auf dort hinaufklettern", schlug Julian vor und deutete auf eine Düne, die hoch wie ein Berg in den Himmel ragte. „Von da oben hätten wir einen besseren Ausblick. Womöglich können wir Nininja von dort aus sehen." Kleiner Stern nickte zustimmend.

Mit einiger Mühe erklommen sie die hohe Düne und schauten von dort aus in die Runde. Das Meer aus rotem Sand mit seinen großen und kleinen Wellenbergen reichte von einem Horizont zum anderen. Nur von Nininja war keine Spur zu sehen.

Die beiden Jungen machten bedenkliche Gesichter. „Hoffentlich ist ihm nichts passiert", sagte Kleiner Stern und sprach damit etwas aus, was Saratah schon lange befürchtete. Aber sie wollte diesen Gedanken nicht zulassen. Erregt rief sie: „Das werde ich nicht glauben, niemals werde ich glauben, dass Nininja etwas zugestoßen ist!"

„Nein, natürlich nicht!" Eilig versuchten die beiden Jungen sie zu trösten. Doch in Saratahs Kopf saß fest, was Kleiner Stern ausgesprochen hatte. Und als Nininja bei Einbruch der Dunkelheit immer noch nicht da war, ahnte sie, dass er nicht mehr zurückkehren würde.

7.

Saratah schlief kaum in dieser Nacht. Immer wieder schreckte sie hoch, weil sie glaubte, Nininjas Flügelschlag vernommen zu haben. Doch sie hatte sich jedes Mal getäuscht. Erst gegen Morgen sank sie in einen unruhigen Schlummer, in dem Albträume sie verfolgten. Als sie am Morgen erwachte, war ihr Gesicht feucht von Tränen. „Nininja wird nicht zurückkommen", flüsterte sie verzweifelt. Schon wieder rannen Tränen über ihre Wangen.

„Nein, nun nicht mehr", antwortete Kleiner Stern und seufzte schwer.

Julian warf ihm einen Blick zu. „Aber er ist am Leben, ich spüre es."

Als Saratah darauf nichts sagte, fuhr Kleiner Stern fort: „Wir können hier nicht länger warten, wir müssen weiter."

Saratah wusste, dass Kleiner Stern Recht hatte. Hier konnten sie nicht bleiben. Wohin aber, in welche Richtung, sollten sie sich wenden? Würde es ihnen gelingen, die rote Wüste zu durchqueren, würden sie das vergessene Land finden, jetzt, wo Nininja sie nicht mehr führte?

Fröstelnd richtete sie sich auf. Sie wischte sich die Tränen ab und sah der Morgensonne entgegen. Nein, Umkehren kam nicht in Frage, sie mussten weiter ziehen.

„Wenn Nininja am Leben ist, werden wir ihn finden", sagte Kleiner Stern. „Kommt, lasst uns aufbrechen!"

„Ja, lasst uns gehen!", rief Julian und sprang auf. „Lasst uns nach Nininja suchen! Ich bin ganz sicher, dass er lebt – ich habe heute Nacht von ihm geträumt. Er war gesund und munter."

So machten sich die drei Kinder wieder auf den Weg. Sie versuchten, sich an der Sonne zu orientieren, die ihnen schon bald wieder zur Plage wurde. Immer hielten sie Ausschau nach Nininja; aber sie fanden nicht die geringste Spur. Sie gingen, bis es dunkel wurde. Obwohl sie sehr müde waren, konnten sie lange nicht einschlafen.

Als sie am nächsten Morgen aufwachten und sich umschauten, hatten sie das Gefühl, überhaupt nicht vorwärts gekommen zu sein. Der gleiche rote Sand, der gleiche Himmel, die gleiche Sonne – alles sah genau so aus wie am gestrigen Tage.

Was sollten sie tun? Hatten sie eine andere Wahl, als weiterzugehen? Mit Nininja wäre alles viel einfacher gewesen…

Plötzlich deutete Kleiner Stern nach vorn. „Seht doch, da vorn!"

„Wieder eine Fata Morgana", murmelte Saratah und richtete ihre Blicke auf eine hoch aufgetürmte Sanddüne. Vor dieser Düne saß vollkommen reglos ein alter, weiß gekleideter Mann. Saratah schloss ihre Augen;

doch als sie sie wieder öffnete, war die Erscheinung immer noch da.

Bangen Herzens marschierten sie auf die Luftspiegelung zu. Bald konnten sie das wettergegerbte braune Gesicht unter dem weißen Turban erkennen. Nun waren sie der Erscheinung schon so nahe, dass sie jeden Augenblick in der Luft zerfließen musste.

Aber obwohl sie sich der Gestalt weiter näherten, geschah nichts dergleichen. Verwundert schauten sich die Kinder an. Vorsichtig, als könne jede schnelle Bewegung das seltsame Bild zerstören, gingen sie Schritt für Schritt vorwärts. Sie wagten nicht, auch nur ein Wort miteinander zu reden. Schließlich trennten sie nur noch wenige Meter von dem alten Mann.

Saratah erkannte es als erste. „He, das ist gar keine Fata Morgana!", rief sie den beiden Jungen zu, die hinter ihr gingen.

„Unmöglich", antwortete Kleiner Stern.

„Ganz und gar unmöglich", wiederholte Julian. Aber da war Saratah schon losgelaufen. Kleiner Stern und Julian rannten ihr hinterher. Alle Müdigkeit war wie weggeblasen.

8.

Nun standen sie atemlos vor dem alten Mann. Obwohl seine Augen ins Leere zu blicken schienen, lag ein Lächeln auf seinem Gesicht. Er öffnete den Mund und fragte: „Was ist unmöglich?"

„Dass du hier sitzt und dich nicht in Luft auflöst", antwortete Julian.

Statt einer Antwort lachte der Alte. „Dass ich hier sitze und mich nicht in Luft auflöse", wiederholte er und fragte: „Weshalb, glaubt ihr, sollte ich das tun?"

„Weil das jede Fata Morgana tut", antwortete Kleiner Stern.

Diese Antwort schien den alten Mann zu erheitern. Er lachte wieder und sagte: „Wie ihr seht, bin ich keine Fata Morgana, sondern ein Mensch aus Fleisch und Blut."

„Aber was tust du hier ganz allein in der Wüste?", wollte Saratah wissen.

Der alte Mann antwortete: „Ich habe auf euch gewartet."

Saratah, Kleiner Stern und Julian starrten den Alten fassungslos an. Erst nach einer Weile fragte Kleiner Stern: „Auf uns gewartet? Weshalb? Und woher wusstest du von uns?"

„Ja, aber woher wusstest du, dass wir gerade hier an dieser Stelle vorbeikommen?", setzte Julian hinzu.

Wieder lächelte der Alte. „Das sind viele Fragen auf einmal", antwortete er. „Lasst sie mich der Reihe nach beantworten: Alles, was in der Wüste lebt, verfolgt euren Weg mit großer Aufmerksamkeit…"

Saratah unterbrach ihn. „Was in der Wüste lebt? Aber hier gibt es kein Leben, hier ist nichts außer Sand."

„Da irrst du dich", entgegnete der alte Mann, „natürlich gibt es Leben in der Wüste. Verschiedene Tiere haben sich den extremen Bedingungen so angepasst, dass sie hier existieren können. Ihr habt sie vielleicht nicht wahrgenommen, aber sie haben euch gesehen. Sie berichteten mir, dass drei Kinder und ein großer Vogel mit einem blau schimmernden Gefieder und einem goldenen Schnabel unterwegs sind, um das vergessene Land zu finden. Und sie alle wissen von Untu Ulu und der Gefahr, die uns droht. Sie haben mich gebeten, euch zu helfen."

„Wir brauchen dringend Hilfe", sagte Saratah, „wir haben Nininja verloren. Weißt du, was mit ihm geschehen ist, wo wir ihn finden?"

Das Lächeln verschwand aus dem Gesicht des Alten. Er schüttelte den Kopf. „Das weiß ich leider nicht. Aber ich werde euch an seiner Stelle durch die Wüste führen."

Er erhob sich und stützte sich auf seinen Stock. „Ich werde euch führen, und sollte ich einmal nicht weiter wissen, so könnt ihr mir eure Augen leihen. Ich bin blind, müsst ihr wissen."

Die Kinder sahen sich an. Hatten sie recht verstanden? Der Alte war blind?

„Wie willst du uns durch die Wüste führen, wenn du nicht sehen kannst?", fragte Saratah.

Der Alte streckte ihr seine Hand entgegen. „Man sieht nicht nur mit den Augen", antwortete er. „Vertraut mir. Ich kenne die rote Wüste gut, ich habe sie schon so manches Mal durchwandert."

Das Mädchen ergriff seine Hand, starrte ihn aber immer noch ungläubig an. Auch Kleiner Stern und Julian wussten nichts zu sagen. Doch den alten Mann schien ihr Schweigen nicht zu kümmern. Er fuhr fort:

„Wir tun gut daran, die Mittagshitze zu meiden. Kommt, setzt euch zu mir in den Schatten und erzählt mir, was euch bis jetzt widerfahren ist."

Die Kinder setzten sich zu ihm und berichteten ihm von ihrem Weg durch die Wüste, von der Fata Morgana, die sie gesehen hatten und von ihrer Rast in der Oase. Sie erzählten von Jaguras Zaubertanz und dem entsetzlichen Sturm, der sie unterwegs überrascht hatte.

„Der Sturm ist schuld daran, dass wir Nininja verloren haben", klagte Saratah. Sie seufzte schwer. „Hoffentlich ist ihm kein Leid geschehen, ich mache mir solche Sorgen…"

Nachdenklich wiegte der alte Mann seinen Kopf hin und her. „Hoffen muss man immer", erwiderte er.

Saratah schaute ihn verblüfft an. „Das sind genau Nininjas Worte, genau das sagt er auch immer!", rief sie.

Der alte Mann lächelte. „Nun, nehmen wir das als ein gutes Zeichen", sagte er. „Man muss wirklich immer hoffen, da hat euer Freund Recht. Vielleicht hat er sich verletzt und kann nicht fliegen. Ich halte es aber durchaus für möglich, dass er irgendwo gefangen gehalten wird."

„Aber wer sollte Nininja gefangen halten? Und weshalb?," warf Kleiner Stern ein.

„Ich vermute, dass der Wüstenwind dahinter steckt", antwortete der Alte. „Mir ist zu Ohren gekommen, dass er sich mit diesem erdfressenden Ungeheuer zusammengetan haben soll. Wenn nirgendwo mehr Regen fällt, wird sich über kurz oder lang die ganze Welt in eine Wüste verwandeln, die der Wüstenwind gemeinsam mit Untu Ulu beherrschen könnte. Und da kommen drei Kinder daher, die das verhindern wollen… Nun, ich glaube, mit dem Sturm wollte euch der Unhold seine Macht zeigen und euch zum Aufgeben zwingen…"

„Wir denken nicht daran, aufzugeben", sagte Julian mit fester Stimme. „Und den Sturm haben wir überstanden!"

„Zum Glück habt ihr das", sagte der alte Mann, „Doch wenn ich richtig vermute, seid ihr dem Wüstensturm nicht zum letzten Mal begegnet."

„Du denkst, er wird es noch einmal versuchen?", fragte Kleiner Stern.

„Mit Sicherheit", antwortete der Alte. „Und womöglich wird er es dann noch ärger treiben. Aber warten wir es ab, noch ist es nicht so weit! Jetzt muss er erst wieder Kraft sammeln. Diese Zeit werden wir nutzen. – Die Hitze hat ein wenig nachgelassen, machen wir uns auf den Weg!"

Er erhob sich und winkte den Kindern, ihm zu folgen. Er hielt einen Stock in seiner Hand, schritt aber erstaunlich rasch aus. Die Kinder blieben dicht an seiner Seite.

9.

Noch bevor es Abend wurde, waren sie ein gutes Stück vorangekommen. Nicht ein einziges Mal hatte der Alte überlegen müssen, wohin er seine Füße setzte. Mit schlafwandlerischer Sicherheit bewegte er sich vorwärts.

„Sagt mir, wenn der erste Stern aufgeht", bat er die Kinder. „Dann ist es Zeit für uns auszuruhen. Nach meinen Berechnungen müssten wir um diese Zeit einen Wüstenbrunnen erreicht haben. Ein ganz einfacher Brunnen ist das, nicht viel mehr als ein Wasserloch. Aber das Wasser ist gut und wird uns erfrischen."

Tatsächlich erreichten sie den Brunnen genau in dem Moment, in dem sich der erste Stern am Nachthimmel zeigte. Sein Licht spiegelte sich in dem klaren Wasser wider. Die Kinder probierten von dem Wasser. Es schmeckte köstlich.

„Trinkt nur, trinkt euch satt! Dies ist wirklich ein ganz besonderes Wasser", wiederholte der Alte. Und die Kinder tranken und wuschen den Staub der Wüste von sich ab. Mittlerweile war der Mond aufgegangen, und der ganze Himmel stand voller Sterne. Ihr Glanz färbte das Wasser des Brunnens golden, so dass es mit dem Mond und den Sternen um die Wette leuchtete.

Saratah hielt den Atem an vor so viel Schönheit. Doch bei dem Gedanken daran, dass der alte Mann das goldene Wasser nicht sehen konnte, stiegen ihr die Tränen in die Augen.

Der Alte schien zu spüren, dass sie traurig war. „Was hast du für einen Kummer, kleines Mädchen? Sorgst du dich um Nininja? Ihr werdet ihn finden, das verspreche ich dir."

Saratah schluckte. „Ja, ich bin traurig", antwortete sie. „Doch ich dachte jetzt nicht an Nininja, sondern an das goldene Wasser des Brunnens. Es funkelt und glitzert, fast so wie die Sterne, und es tut mir so leid, dass du es nicht sehen kannst."

Der Alte lächelte. „Deshalb musst du nicht traurig sein. Weißt du, ich habe den goldenen Brunnen schon viele Male in meinem Leben gesehen und mich an seiner Schönheit erfreut, und ich trage sein Bild wie so vieles andere in meinem Herzen. So kann ich es sehen, wann immer ich es will."

„Ist das wirklich wahr?", fragte Kleiner Stern, der aufmerksam zugehört hatte. „Für mich wäre es furchtbar, nicht mehr sehen zu können – wo doch die Welt so schön und voller Wunder ist – sogar diese schreckliche rote Wüste."

„Da hast du Recht, die Wüste ist schön", antwortete der alte Mann, „auch wenn es eine gefährliche, geheimnisvolle Schönheit ist, die schon so manchem das Leben gekostet hat. – Wisst ihr, als ich mein Augenlicht verloren hatte, habe ich eine Zeit lang mit dem Schicksal gehadert. Aber dann habe ich erkannt, dass ich mehr Freude und Glück empfinden kann als manch einer, der sehend und trotzdem dem Schönsten im Leben gegenüber blind ist, weil er achtlos daran vorüber geht."

„Warum nur sind die Menschen oft so achtlos?", fragte Saratah. Und sie erzählte dem Alten von dem Tag, an dem sie den Baum hinauf gestiegen war, bis weit in den Himmel hinauf, und die Menschen um Hilfe angerufen hatte.

„Ich habe so lange gerufen und so laut, wie ich nur konnte. Aber keiner wollte mich hören. Ein Glück nur, dass Kleiner Stern und Julian von meinen Träume gefunden wurden, sonst wäre ich ganz allein."

Der Alte schwieg eine Weile, bevor er sagte: „Ja, es stimmt: Die Menschen hören oft nicht zu und geben nicht genug Acht. Doch darf man sie deshalb verurteilen? Sie haben wohl ihre Gründe. Vielleicht ist es die Hetze ihres Daseins, die ihnen weder Raum noch Zeit lässt für das wirklich Wichtige im Leben. Sie jagen dem Reichtum nach, weil sie denken, dass sie ihn zu ihrem Glück brauchen. Dabei ist Glück etwas ganz anderes."

Saratah nickte. „Ja, Glück ist etwas ganz anderes", wiederholte sie. „Glück ist es, einen Brunnen mit goldenem Wasser in der Wüste zu finden. Glück ist es, gute Freunde zu haben und einen warmen Umhang, der einen vor der Kälte schützt." Jetzt konnte sie wieder lächeln. Die Worte des Alten hatten sie wunderbar getröstet.

„Und Glück ist es auch, dass der Wüstensturm nicht hier am Brunnen getobt hat", sagte der alte Mann. „Womöglich hätte er mit seiner furchtbaren Gewalt dieses Wunder zerstört. Wir wollen froh sein, dass ihm sein heißer Atem ausgegangen ist und er erst wieder zu Kräften kommen muss. Aber ich weiß nicht, wie viel Zeit uns bleibt. Deshalb müssen wir uns sputen und auf der Hut sein. – Legt euch nun schlafen, die Nacht ist nicht mehr lang. Morgen in aller Frühe müssen wir weiter."

Bei Tagesanbruch machten sie sich auf den Weg. Das Wasser des Brunnens hatte sie auf wunderbare Weise erfrischt und ihnen neue Kräfte verliehen. Zufrieden stellte der Alte fest, dass sie gut vorankamen. „Nicht weit von hier liegt eine verlassene Stadt", sagte er. Wir müssen sie unbedingt erreichen, bevor der Sturm erneut losbricht. Wenn er uns hier in der Wüste überfällt, sind wir verloren. Noch einmal wird er euch nicht davonkommen lassen. Ich kenne ihn, er wird Himmel und Hölle in Bewegung setzen. In der verlassenen Stadt finden wir vor ihm Schutz."

Julian wunderte sich. „Eine Stadt mitten in der Wüste?", fragte er.

Der alte Mann nickte. „Genauer gesagt: das, was von ihr übrig geblieben ist. Einst war Shanan eine blühende Stadt, umgeben von grünen Wäldern. Wasser gab es in Hülle und Fülle, und die Menschen lebten in Wohlstand. Aber ihr habt ja erlebt, dass die Wüste ständig in Bewegung ist, wie das unendlich große Meer. Sie rückte der Stadt näher und näher, schluckte Häuser, Straßen und Bäume und begrub die Brunnen unter sich. Vergeblich versuchten die Menschen, den Sand aufzuhalten. Ihr Kampf war hoffnungslos, die Wüste kannte kein Erbarmen. Schließlich gaben sie auf und verließen ihre Stadt."

„Und dort sollten wir Schutz finden?", fragte Saratah.

„Nun, wie ich schon sagte, von Shanan ist nicht mehr viel übrig. Die meisten Häuser sind unter dem Wüstensand begraben", antwortete der Alte. „Lediglich an einem Ende, dicht an einen Berg geschmiegt, findet man noch Reste einstiger Behausungen. Dort könnten wir Zuflucht finden. Wenn wir uns beeilen, erreichen wir die verlassene Stadt vor Sonnenuntergang. Dann wären wir in Sicherheit."

Während er sprach, begann der blinde Alte rascher auszuschreiten. Die Kinder, die Augen hatten zu sehen, konnten ihm manchmal nur mit Mühe folgen. Trotz aller Eile wanderten Saratahs Blicke immer wieder zum Himmel empor. Doch von Nininja war weit und breit nichts zu sehen.

10.

Als sich der Nachmittag zu Ende neigte, hatte sich der helle Himmel verzogen und einen dichten dunklen Schleier über der Wüste zurückgelassen. Eine entsetzliche Schwüle lag in der Luft und machte das Atmen schwer. Es war vollkommen windstill. Trotzdem trieb sie der Alte zur Eile.

„Beeilt euch", sagte er, „es kann nicht mehr weit sein."

Plötzlich rief Kleiner Stern, der unmittelbar hinter dem Alten ging: „Seht nur, dort vorn!"

Am Horizont wuchs ein gewaltiges Felsmassiv aus dem Sand. An seinen Wänden klebten wie große Schwalbennester mehrere halb zerfalle Häuser.

Sie waren stehen geblieben „Eine merkwürdige Stadt", flüsterte Julian.

Doch der alte Mann ließ ihnen keine Zeit zum Schauen. „Lauft, so schnell ihr könnt", sagte er. „Wir haben nicht mehr viel Zeit. Ich kann den Sturm schon fühlen. Er ist uns auf den Fersen."

Völlig außer Atem kamen sie in der verlassenen Stadt am Fuße des Felsens an.

„Jetzt ist es an euch, mir eure Augen zu leihen", sagte der Alte.

Sie führten ihn zwischen verschüttete Mauern, toten schwarzen Bäumen hindurch. Immer wieder trieb er sie zur Eile an. „Lauft, lauft, es gilt euer Leben!"

Der Marsch war anstrengend gewesen, und die Kinder waren fast am Ende ihrer Kräfte. Sie stolperten mehr, als dass sie gingen. Jetzt hörten sie den Sturm schon aus der Ferne heulen. Als sie die Felswand erreicht hatten, spürten sie seinen heißen Atem in ihrem Nacken. Mit knapper Not krochen sie durch eine offen stehende Tür und fanden sich im Inneren eines halb zerstörten Hauses.

„Schließt die Tür!", befahl der alte Mann.

Die Holztür hing schief in den Angeln, und es kostete sie einige Mühe, sie heranzuziehen.

„Gerettet!", seufzte Julian und ließ sich auf den Sand sinken, der den Fußboden bedeckte.

Der Alte schüttelte den Kopf. „Noch nicht. Aber soviel ich weiß, haben alle dieser alten Häuser Gänge, die in den Berg hinein führen. Seht ihr vielleicht eine zweite Tür?"

„Ja, dort an der Wand", antwortete Kleiner Stern.

Mit den Händen schaufelten sie den Sand beiseite, der die verwitterte Tür halb zugeweht hatte.

„Beeilt euch", drängte der Alte. „Hört ihr, wie der Sturm tobt? Ich fürchte, er wird dieses Haus in Stücke reißen!"

Wirklich heulte und tobte der Wüstensturm von Minute zu Minute ärger, so dass sie kaum noch ihr eigenes Wort verstehen konnten. Das alte Haus stöhnten unter seiner Last, die morschen Wände zitterten. Durch den Türspalt und die Fensteröffnungen wehte Sand herein. Er war so heiß, dass er auf der Haut brannte. Ein bleierner Himmel schimmerte durch das schadhafte Dach. Schon lösten sich einzelne Ziegel und stürzten herab. Gemeinsam versuchten sie, die Tür zu öffnen, die ins Innere des Berges führte. Aber es gelang ihnen nicht, so sehr sie sich auch abmühten. Wieder fielen Steine herab, die Mauern begannen zu wanken. Die Kinder drängten sich voller Angst an die Felswand. Hilflos schienen sie dem wütenden Sturm ausgeliefert.

Der alte Mann stellte sich mit weit ausgebreiteten Armen vor sie hin, als wolle er sie schützen. Und plötzlich – Saratah traute ihren Ohren kaum – plötzlich begann er zu singen. Seine Stimme konnte es mit dem Wüten des Sturmes nicht aufnehmen, dennoch sang der Alte unbeirrt weiter. Sie kannte das Lied, das er sang: Es war Jaguras Lied.

Da öffnete sich auf einmal wie von Zauberhand knarrend die schwere Tür, nur einen Spalt breit. Die Kinder und der Alte zwängten sich hindurch, gerade noch rechtzeitig, um dem Hagel von Steinen zu entgehen, der von oben herab prasselte.

Mit einem dumpfen Knall schlug die Tür hinter ihnen zu. Sie fanden sich in einem schmalen Gang im Inneren des Berges. Ein kühler Lufthauch schlug ihnen entgegen. Es war fast völlig dunkel. Vorsichtig tasteten sie sich an den Felswänden entlang und gelangen in eine geräumige Höhle.

„Diese Höhle wurde einst von Menschenhand in den Fels gehauen", sagte der Alte. „Hier sind wir in Sicherheit, hier kann uns der Sturm nichts anhaben. Den Berg wird er niemals bezwingen, auch wenn er sich noch so sehr anstrengt."

Er lachte. „Rase und tobe nur, wilder Wüstensturm! Irgendwann wird dir die Puste ausgehen!" Er wandte sich den Kindern zu. „Bis dahin sind wir hier in Sicherheit. Ihr könnte euch getrost zur Ruhe legen."

Saratah, Kleiner Stern und Julian verbrachten eine unruhige Nacht. Als sie am anderen Morgen erwachten, tasteten sie sich durch den Gang nach draußen. Der Sturm hatte die Tür aus den Angeln gerissen, und die Mauern des alten Hauses waren völlig in sich zusammengestürzt.

Fröstelnd kletterten sie über die am Boden liegenden Steine und traten hinaus in einen hellen Morgen. Der Spuk war vorbei. Von einem strahlend blauen Himmel schien die Sonne, als sei nichts gewesen. Der Alte hatte Recht gehabt – dem Sturm war der Atem ausgegangen.

„Jetzt ist es nicht mehr weit bis ans Ende der roten Wüste", sagte der alte Mann. „Kaum mehr als eine Tagesreise trennt uns von den Wasserfällen, hinter denen das Tor zum vergessenen Land liegt."

11.

Mit frischem Mut schritten die Kinder vorwärts. Obwohl sie gut vorankamen, erreichten sie die Wasserfälle nicht vor Anbruch der Nacht.

Als sie ihr Nachtlager aufschlugen, sagte der alte Mann zu ihnen: „Bis hierher habe ich euch geführt, doch das letzte Stück des Weges müsst ihr allein zurücklegen. Geht nur immer geradeaus und richtet euch nach der Sonne, dann könnt ihr euer Ziel nicht verfehlen."

„Warum willst du uns nicht begleiten?", frage Saratah.

Der Alte schüttelte den Kopf. „Die Wüste ist meine Heimat. Doch im vergessenen Land war ich noch niemals, ich kenne dort weder Weg noch Steg noch weiß ich, wie man durch das Tor gelangt, das hinter den Wasserfällen liegt. Ich wäre nur eine Last für euch und würde euch am Vorwärtskommen hindern."

Die Kinder bestürmten den Alten, seinen Entschluss zu überdenken. Aber er schüttelte nur stumm den Kopf.

Als Saratah, Kleiner Stern und Julian am andern Morgen erwachten, waren sie allein. Von dem Alten fehlte jede Spur.

Sie suchten und riefen nach ihm, doch vergeblich. Er war verschwunden, als hätte ihn die Wüste verschluckt.

Saratah war tief traurig. „Warum muss man immer jemanden verlieren?", klagte sie. „Erst Oana und das grüne Tal, Mustafa, dann Nininja – und jetzt auch noch den alten Mann, der uns sicher durch die Wüste geführt hat…" Sie war den Tränen nahe.

Kleiner Stern stimmte ihr zu. „Wer weiß, ob wir diesen schrecklichen Sturm ohne ihn überlebt hätten", sagte er.

Julian nickte. „Ja, wir haben ihm viel zu verdanken, wahrscheinlich sogar unser Leben. Und wir haben uns nicht einmal verabschiedet."

Bedrückt machten sie sich auf den Weg, den ihnen der alte Mann gewiesen hatte. Fast unmerklich begann sich die Wüste zu verändern: Immer öfter ragten Inseln aus Gras und niedrige Sträucher aus dem Sand hervor. Und dann sahen sie die ersten Bäume, die grüne Blätter trugen.

„Das Ende der roten Wüste", sagte Julian feierlich.

Saratah nickte. Obwohl sie nicht wusste, was sie nun erwartete, war sie ungeheuer erleichtert.

Bald fanden sie sich in einem dichten Wald wieder. Sie fühlten sich, als seien sie in einem Paradies angekommen. Der kühle Schatten tat ihnen unendlich gut. Tief atmeten sie den frischen Duft ein, liefen über weiches Moos und freuten sich an dem satten Grün der Blätter. Der Wald war sehr lebendig. Überall hörten sie Vögel zwitschern. Schmetterlinge flogen umher, Käfer und Spinnen krochen über den Waldboden.

Dann war auf einmal wieder sehr viel Sonnenschein zwischen den Bäumen. Sie näherten sich einer Lichtung. Doch als sie näher kamen, bot sich ihnen ein erschreckender Anblick. Saratah stieß einen entsetzten Schrei aus.

Statt einer grünen Waldwiese lag ein großer, fast kreis-
runder Fleck verbrannter Erde vor ihnen, auf dem nichts
mehr wuchs. Der Boden war tot und schwarz. Verkohlte
Baumstämme ragten gespenstisch in die Höhe.
Den Kindern war unheimlich zumute. Vorsichtig
schritten sie über den verbrannten Boden. Asche färbte
ihre Füße grau.

Sie waren erleichtert, als sie endlich wieder in den
lebendigen grünen Wald eintauchten. Aber die Freude,
die sie vorhin empfunden hatten, wollte sich nicht wieder einstellen. Sie sprachen nicht viel; jeder hing seinen
Gedanken nach.

Nach einer Weile vernahmen sie in der Ferne ein selt-
sames Brausen. Sie horchten auf. Es klang nicht nach
Wind und Sturm.

„Vielleicht sind das schon die Wasserfälle!", rief Saratah.

Nun hatten sie es eilig vorwärtszukommen. Allmählich wurde das Brausen und Tosen lauter. Und dann
lichtete sich der Wald und gab den Blick frei. Nur wenige Meter vor ihren Füßen tat sich eine tiefe Schlucht
auf, in der ein reißender Fluss brodelte.

Das gegenüberliegende Ufer war hinter einer dichten
Nebelwand verborgen. Aus diesem Nebel hervor aber
stürzten sich ungeheure Wassermassen tosend in die
Schlucht hinab.

Die Kinder liefen am Rand der Schlucht entlang, erst
in der einen, dann in der anderen Richtung. Doch soweit

sie auch gingen, der gewaltige Wasserfall hatte keinen Anfang und kein Ende.

Ratlos schauten sie sich an. Sie wussten nicht mehr weiter. Bis hierher waren sie gelangt, hatten die rote Wüste bezwungen, sich vor dem Wüstensturm gerettet. War das alles vergebens gewesen? Das vergessene Land am anderen Ufer des Flusses war greifbar nahe. Aber wie um alles in der Welt sollten sie jemals den Fluss überwinden, den Wasserfall bezwingen?

Saratah fühlte sich auf einmal sehr müde. In ihrem Kopf hämmerte es. Hier war die Welt zu Ende, der ganze lange Marsch war vergeblich gewesen. Es gab keinen Weg in das vergessene Land. Sie konnte nur diesen einen Gedanken denken, nichts weiter.

Ihre Füße wollten ihr nicht mehr gehorchen. Sie schleppte sich in den Wald zurück und ließ sich unter einem Baum zu Boden gleiten. Kleiner Stern und Julian taten es ihr gleich. Für eine Nacht ließ sie der Schlaf ihre Sorgen vergessen.

3. Teil

Das vergessene Land

1.

Noch einmal hatte sich der Sturm aufgemacht. Mit all seiner Kraft tobte er durch die rote Wüste und wirbelte den Sand auf, bis sich der Himmel verdunkelte und die Sonne unsichtbar wurde. Noch einmal setzte er seine ganze Macht ein, um die zu vernichten, die das vergessene Land suchten und die Regenkönigin befreien wollten.

Der Wüstensturm war sich seiner Sache sehr sicher. Es waren nur drei Kinder, und er war ungleich stärker. Diesen Kampf konnten sie niemals gewinnen. Seinem letzten Angriff waren sie nur entgangen, weil sie sich in die verlorene Stadt gerettet hatten. Dieses Mal würde ihnen niemand helfen, dieses Mal nicht. Bald würde Untu Ulu und ihm die ganze Welt gehören.

Der Sturm ahnte nicht, dass die Kinder die Wüste bereits verlassen hatten. Und er konnte auch nicht wissen, dass die Bäume des Waldes beschlossen hatten, die Kinder vor ihm zu schützen. Sie breiteten ihre dichten Äste über den Schlafenden aus, so dass der Wüstenwind sie nicht entdecken konnte. Und weil er sie nirgendwo fand, meinte er, er hätte ihr Leben ausgelöscht. Triumphierend zog er sich zurück.

Von all dem ahnten die Kinder nichts. Weder das Toben des Sturmes noch das Brausen des Wasserfalles störte ihren Schlaf. Sie schliefen und ahnten nicht, in welcher Gefahr sie sich befanden. Als sie endlich erwachten, war der Sturm längst weitergezogen.

Sie wussten zwar immer noch nicht, wie sie in das vergessene Land gelangen sollten. Doch jetzt waren sie ausgeruht und zuversichtlich, einen Weg zu finden. Sie verließen den schattigen Wald und liefen zum Ufer des Flusses.

Als sie zum ersten Mal an dieser Stelle standen, waren sie zu verzweifelt gewesen, um auch nur einen Gedanken an die Schönheit des Wasserfalls zu verschwenden. Aber jetzt betrachteten sie die gewaltigen Wassermassen, die aus dem Nebel wie aus einem Nichts herabstürzten, mit anderen Augen. Die Strahlen der Sonne ließen die sprühenden Wasser regenbogengleich aufleuchten, und die Kinder wurden nicht müde, dieses Wunder der Natur anzuschauen.

„Unglaublich, wie schön und stark der Wasserfall ist", sagte Saratah. „Nur wie um alles in der Welt wollen wir da hinüberkommen?"

Kleiner Stern stieß Julian an. „Du hast nicht zufällig eine Brücke oder einen Steg im Traum gesehen?"

Julian schüttelte den Kopf.

Eine Brücke oder ein Steg – das schien der einzige Ausweg zu sein. So wanderten sie noch einmal flussaufwärts und flussabwärts am Ufer entlang und fanden doch nirgendwo eine Stelle, wo sie die Schlucht hätten überwinden können.

„Lasst den Kopf nicht hängen", sagte Julian, als sie sich am Abend unverrichteter Dinge zur Ruhe legten. „Wie heißt es doch? Der Morgen ist klüger als der Abend."

Vielleicht war es wirklich so, denn am Morgen erzählte ihnen Julian aufgeregt, was er in der letzten Nacht geträumt hatte. „Es war ein merkwürdiger Traum. Eine Brücke oder einen Steg habe ich nicht gesehen. Nein, ich träumte von Nininja. Er flog drüben auf der anderen Seite, dort, wo der Nebel am dichtesten ist, und schaute zu uns herüber.

Ich bat ihn um Hilfe. ‚Erinnert euch an Jaguras Tanz und an seinen Gesang', gab er mir zur Antwort und verschwand."

Saratah sprang aufgeregt in die Höhe. „Vielleicht ist Nininja drüben im vergessenen Land, vielleicht ganz in unserer Nähe!"

„Ja", erwidert Julian nachdenklich, „vielleicht ist er uns ganz nahe und kann nicht zu uns kommen und sendet uns deshalb seine Träume."

Kleiner Stern hatte ihnen aufmerksam zugehört und fragte jetzt: „Was hat Nininja gesagt? Erinnert euch an Jaguras Tanz und seinen Gesang? Was hat er damit gemeint?"

Saratah antwortete: „Erinnert ihr euch daran, was in der verlassenen Stadt geschah, als wir uns schon verloren glaubten? Als sich die Tür nicht öffnen ließ und der Alte Jaguras Lied sang? Vielleicht kann es uns hier auch weiterhelfen."

Sie hatte das Lied noch ihm Ohr. Niemals im Leben würde sie es vergessen. Sie trat dicht an den Abgrund heran, breitete ihre Arme aus, wie es der Blinde getan hatte, und begann zu singen.

Da wurde mit einem Mal das Tosen und Rauschen des Wasserfalls leiser, so leise, als würde er Saratahs Gesang lauschen. Doch als das Lied zu Ende war, gebärdete er sich noch wilder als vorher.

Die Kinder waren enttäuscht. Sie hatten gehofft, dass Jaguras Lied etwas bewirken könne. Nun waren sie so in ihrer Ratlosigkeit gefangen, dass sie nicht auf die kleine weiße Wolke oben am Himmel achteten. Auch als sie größer wurde, maßen sie ihr keinerlei Bedeutung zu. Die Wolke aber flog pfeilgeschwind herbei, obwohl nicht der leiseste Windhauch zu spüren war. Und als ihr Schatten die Kinder berührte, schwebte sie hernieder zur Erde. Da war sie auf einmal keine Wolke mehr, sondern ein riesiger Vogel mit starken Schwingen. Sein Gefieder war so weiß wie Schnee. Er neigte seinen Kopf und sprach:

„Ich bin einer von den Himmelsvögeln, die sich den Menschen nur selten zeigen. Ich habe euer Lied vernommen und bin gekommen, um euch zu helfen."

„Wir müssen hinüber in das vergessene Land und wissen nicht, wie wir das anstellen sollen", sagte Julian.

„Nun, wenn das alles ist", erwiderte der Himmelsvogel, „das ist nicht allzu schwer. Ich bin stark und kann leicht zwei Kinder auf meinem Rücken tragen."

„Wir sind zu dritt", warf Kleiner Stern ein.

Der Vogel nickte. „Ich werde zweimal fliegen." Er wandte sich an Saratah: „Warte hier an dieser Stelle; ich bringe zuerst die beiden Jungen hinüber. Ich komme zurück, so schnell ich nur kann."

Er neigte sich zur Erde, so dass Kleiner Stern und Julian auf seinen Rücken steigen konnten. Ehe sie recht zur Besinnung kamen, erhob sich der weiße Vogel in die Lüfte. Er flog direkt auf den Wasserfall zu.

„Vertraue mir, ich bin bald zurück", rief er Saratah zu.

Entsetzt sah sie, wie das tosende Wasser den Himmelsvogel und die beiden Jungen verschluckte.

2.

Lange Zeit stand Saratah reglos da. Angst stieg in ihr hoch, und sie kam sich unendlich verlassen vor. Eine verzweifelte Sehnsucht nach dem grünen Tal erfasste sie. Wie sehr sie Oana vermisste, wie sehr Nininja... Hatte sie nun auch noch ihre beiden Freunde verloren? Der Schmerz drohte sie fast zu zerreißen und trieb ihr die Tränen in die Augen. Sie hatte keinen Blick mehr für die Schönheit des gewaltigen Wasserfalls. In sein Tosen hinein weinte sie und schrie ihre Verzweiflung hinaus und ihren Zorn auf den Unhold, der ihre Heimat und alles Leben vernichten wollte.

Sie weinte, bis sie keine Tränen mehr hatte. Erschöpft sank sie schließlich zu Boden. „Vertraue mir", hatte der Himmelsvogel gesagt. Doch wie konnte er es wagen, mitten in den Wasserfall hineinzufliegen? Wer sollte der ungeheuren Kraft des herabstürzenden Wassers standhalten? Hatte Nininja damals Recht gehabt, als er sagte, für Menschen gäbe es keinen Weg in das vergessene Land?

Während Saratah noch grübelte, fiel ein Schatten über sie.

Es war der Schatten des Himmelsvogels. Sie sprang auf und umarmte ihn. „Du lebst? Du bist zurückgekommen? Ach, wie bin ich froh! Wie geht es meinen Freunden?"

„Du wirst es wissen, wenn du auf der anderen Seite bist", antwortete der Vogel. „Rasch, steig auf meinen Rücken!"

Saratah überlegte nicht länger. Sekunden später schwebte sie auf dem Rücken des Himmelsvogels auf die tobenden Wassermassen zu. Sie schmiegte sich eng an ihn und klammerte sich an seinem Hals fest, damit die Wucht des Wassers sie nicht von seinem Rücken schleuderte. Er flog zu der Stelle, wo der Wasserfall am heftigsten tobte.

Das Mädchen wollte schreien, aber es bekam keinen Ton heraus. Doch wie durch ein Wunder teilte sich das

Wasser vor ihnen, so als ob sich ein Vorhang öffnen würde.

Saratah brauchte ein paar Minuten, ehe sie recht zur Besinnung kam. Sie waren durch den Wasserfall geflogen, ohne ihn zu berühren. Nicht ein Tropfen hatte sie genässt. Welche Macht konnte so etwas geschehen lassen?

Sie schaute sich um, aber da war nichts, reinweg gar nichts. Der Nebel hüllte sie ein wie ein dichter Mantel. Wie eine Woge schlug er über ihnen zusammen, so dass sie weder Himmel noch Erde sehen konnten. Lautlos glitten sie durch den Nebel hindurch, nur ab und zu vernahmen sie einen Laut, der einem Vogelschrei ähnelte.

Saratah kam sich vor wie in einer anderen Welt, einer Welt, in der Raum und Zeit außer Kraft gesetzt waren. Auf dem Rücken des Himmelsvogels fühlte sie sich leicht und frei; alle Ängste, alle Sorgen waren weit entfernt. Es gab nichts mehr außer ihr, dem Himmelsvogel und dem weichen weißen Nebel. Endlos hätte sie so fliegen können und war erstaunt, dass der Vogel auf einmal zur Erde hernieder flog.

Als sie von seinem Rücken stieg und ihre Füße den Boden berührten, erwachte sie wie aus einem Traum. Was war mit ihr geschehen? Suchend schaute sie sich um. Sie stand auf einer Wiese am Rande eines Waldes. Die Wipfel der Bäume verloren sich im Nebel und waren kaum mehr als dunkle Schatten.

Da hörte sie plötzlich ihren Namen. Sie drehte sich um und sah, wie Julian und Kleiner Stern auf sie zu gerannt kamen. „Endlich, Saratah!"

Das Mädchen atmete tief ein. Sie war wieder in der Wirklichkeit angekommen.

„Es war seltsam, durch diesen Nebel zu fliegen, nicht wahr?", fragte Julian.

Saratah nickte nur. An ihrer Stelle antwortete der Himmelsvogel: „Ja, dieser Nebel ist voller Geheimnisse und nicht ungefährlich. Man darf nicht zu lange dort oben bleiben, sonst verliert man all seine Erinnerungen. – Nun seid ihr also im vergessenen Land, das noch kein Mensch vor euch betreten hat. Hört zu: Wenn ihr die Regenkönigin finden wollt, müsst ihr unter der Erde suchen. Irgendwo in diesem Wald befindet sich der Eingang zu einem unterirdischen Labyrinth. Wenn ihr den gefunden habt, seid ihr auf dem rechten Weg. Das ist alles, was ich weiß. Und nun muss ich mich von euch verabschieden."

„Halt, warte einen Augenblick", bat Saratah. „Ich muss dich noch etwas fragen. Du kommst weit herum, hast du vielleicht Nininja gesehen?"

„Nein, gesehen habe ich ihn nicht. Doch ich weiß, dass er lebt; der Wasserfall hat mir von ihm erzählt."

„Danke, das ist eine gute Nachricht", sagte das Mädchen.

Der Himmelsvogel neigte seinen Kopf und erhob sich in die Lüfte. Sekunden später war er im Nebel verschwunden.

3.

„Jetzt sind wir also tatsächlich im vergessenen Land", sagte Kleiner Stern. „Nun müssen wir nur noch Nininja finden und die Regenkönigin befreien."

„Wenn wir nur erst einmal wüssten, wo der Eingang zu dem unterirdischen Labyrinth zu finden ist, von dem der Himmelsvogel gesprochen hat", sagte Julian.

Sie liefen in den Wald hinein. Die Bäume standen dicht beieinander, und in ihren Wipfeln saß der Nebel. Er verschluckte das Licht und hüllte den Wald in ein dämmriges Halbdunkel. Die Kinder kamen nur langsam vorwärts, krochen durch jedes Gestrüpp und untersuchten die Wurzeln der umgestürzten Bäume, immer auf der Suche nach irgendeiner Öffnung im Erdboden.

Der Wald war sehr still. Kein Laut war zu hören außer den eigenartigen Vogelschreien, die sie schon droben in den Lüften vernommen hatten. Doch zu sehen waren die Vögel nicht. Manchmal erschraken sie über das knackende Geräusch, wenn ein trockener Ast unter ihren Füßen brach. Spinnweben und feine Wassertropfen hingen in ihren Haaren, ihre Arme und Beine waren zerkratzt.

Bald kündigte sich die Nacht an. Sie fanden eine kleine grasbewachsene Mulde und legten sich dort zur Ruhe. Eng aneinandergekauert schliefen sie ein.

Der nächste Morgen war nicht heller als der vergangene Tag. Erneut begaben sie sich auf die Suche nach dem Eingang zu der Welt unter der Erde. Wieder suchten sie den ganzen Tag lang, ohne etwas zu finden oder auch nur einem einzigen Lebewesen zu begegnen.

In der Nacht wurde Saratah von wirren Träumen gequält und schreckte mehrmals auf. Einmal erwachte sie, weil Julian im Traum laut vor sich hin sprach. Sie rüttelte leicht an seiner Schulter. Da schlug er die Augen auf und flüsterte: „Ich hatte wieder einen dieser merkwürdigen Träume, Saratah… Jetzt weiß ich, wo das Tor zur unterirdischen Welt zu finden ist."

Er drehte sich auf die andere Seite und schlief ruhig weiter. Saratah aber lag noch lange wach.

Am anderen Morgen konnte sich Julian noch gut an seinen Traum erinnern. „Nicht weit von hier steht ein alter Baum. Er sieht anders aus als alle anderen Bäume. Überall an seinen Ästen wachsen Luftwurzeln, die wie dicke Seile bis zum Boden herabhängen. Ich werde ihn erkennen, wenn ich ihn sehe."

Zielstrebig ging der Junge voran, so als wüsste er genau, wo der Baum zu finden sei. Saratah und Kleiner Stern folgten ihm.

Es dauerte gar nicht lange, da erblickten sie vor sich einen wahrhaft merkwürdigen Baum. Von seinem Wipfel fielen dünne seilartige Wurzeln in einem dichten Gewirr so weit herab, dass sie den Erdboden berührten.

Julian trat nah an den Baum heran. Mit beiden Händen schob er das Wurzelgeflecht auseinander. Dahinter klaffte ein dunkles Loch im Erdreich.

„Seht doch", flüsterte er. Kleiner Stern kniete nieder und schob einen Berg verrotteten Laubes beiseite, um die Öffnung zu vergrößern. Plötzlich brach der Boden unter ihm zusammen. Saratah und Julian hörten nur noch einen lauten Schrei.

4.

Sie sahen sich erschrocken an. Vorsichtig kauerten sie sich am Rand der Öffnung nieder. Aus dem Dunkel drang schwach ein goldener Schimmer bis zu ihnen herauf.

Saratah beugte sich vor. „Kannst du uns hören, Kleiner Stern? Ist alles in Ordnung?"

„Mir ist nichts geschehen. Ich sitze hier unten in einer großen Höhle." Seine Stimme hatte einen dumpfen Klang.

Saratah hielt sich an einem Bündel Wurzeln fest und hangelte sich hinab. Aber ihre Füße reichten nicht bis auf den Boden, und so ließ sie sich einfach fallen. Sie fiel nicht tief. Sekunden später wagte auch Julian den Sprung und landete wohlbehalten neben ihr.

Von oben her sickerte ein wenig Tageslicht herein, so dass sie die Umrisse der Höhe erkennen konnten. Und als sich ihre Augen an das dämmrige Licht gewöhnt hatten, entdeckten sie einen Gang.

„Erinnert ihr euch, was der Himmelsvogel gesagt hat?", fragte Saratah. „Wir sind auf dem rechten Weg." Ohne zu zögern schritten sie auf den Gang zu. Er war so hoch, dass ein erwachsener Mensch aufrecht darin stehen konnte. Kleiner Stern ging voran. Sein goldenes Haar verbreitete ein schwaches Licht, dem sie folgen konnten wie einer Laterne.

Der Gang führte tiefer in die Erde hinein. Manchmal war er so schmal, dass sie nicht nebeneinander gehen konnten. Nach einer Weile endete er in einer geräumigen Höhle. Ihre Wände waren aus schwarzem Gestein, durch das sich goldglänzende Adern zogen.

Am Ende der Höhle tat sich ein neuer Gang auf. Er führte sie noch tiefer ins Innere der Erde. Als sie ein Stück weitergegangen waren, hörten sie von ferne ein leises Rauschen.

Es dauerte gar nicht lange, bis sie auf eine sprudelnde Quelle stießen. Ihr Wasser war wunderbar kühl und wohlschmeckend. Die Quelle mündete in ein kleines Bächlein, das sie fortan auf ihrem Weg durch die unterirdische Welt begleitete.

Auf einmal blieb Kleiner Stern, der stets voranging, stehen und stieß einen erschrockenen Schrei aus. „Saratah, Julian! Was ist das?"

Die beiden waren sofort an seiner Seite und sahen nun ein merkwürdiges Etwas am Rande des Bächleins liegen. Es hatte Ähnlichkeit mit einem verkohlten Baumstumpf und war von unzähligen dünnen Wurzeln umschlungen, die plötzlich in Bewegung gerieten. Sie schlenkerten hin und her wie lange dünne Spinnenarme. Unwillkürlich traten die Kinder einen Schritt zurück. Zwischen dem ganzen Wirrwarr kaum auf einmal so etwas wie ein Gesicht zum Vorschein, zerfurcht und überaus hässlich. Tief liegende dunkle Augen starrten die Kinder unverwandt an.

Saratah lief ein kalter Schauer über den Rücken. „Was ist das?", flüsterte sie.

„Jedenfalls kein Baum", gab Kleiner Stern leise zur Antwort.

„Aber ein Tier ist es auch nicht, und erst recht kein Mensch", flüsterte Julian. „Lasst uns lieber weitergehen."

Da bewegten sich die dünnen Spinnenarme abermals, so als wollten sie nach ihnen greifen, sie umschlingen. Wieder wichen die Kinder erschrocken zurück. In diesem Moment öffnete das merkwürdige Wesen seinen Mund und begann zu sprechen: „Sagt, weshalb fürchtet ihr euch vor mir? Ich werde euch gewiss nichts zuleide tun! Sehe ich wirklich so entsetzlich aus, dass ihr Angst vor mir haben müsst?"

Saratah blickte auf und sah den Schmerz in den dunklen Augen. Ihr Herz krampfte sich vor Mitleid zusammen, und sie schämte sich ihrer Furcht. Sie trat wieder näher. „Nein, nein, wir sind einfach nur erschrocken", wehrte sie ab.

„Wer bist du, und was tust du hier unten?", fragte Kleiner Stern. Er bückte sich und streichelte das hölzerne Gesicht. Da begannen sich die dünnen Wurzeln wieder zu bewegen, und eine fuhr sehr behutsam und sacht über sein goldenes Haar.

„Hast du einen Namen?", wollte Julian wissen.

„Das sind viele Fragen auf einmal", sagte das merkwürdige Wesen. „Ich heiße Amoth, und meine Geschichte will ich euch gern erzählen. – Eure Namen sind mir bekannt: Saratah, Julian und Kleiner Stern."

Die Kinder waren verblüfft. „Woher weißt du unsere Namen?"

Amoth antwortete: „Nininja hat mir von euch erzählt. Seitdem warte ich auf euch."

Saratahs Herz klopfte bis zum Halse, als sie das hörte. „Sag, Amoth, wo ist Nininja? Wie geht es ihm?", drängte sie.

Auf Amoths Gesicht erschien so etwas wie ein Lächeln. „Nininja ist nicht hier. Bevor wir zu ihm gehen, müssen wir die Regenkönigin befreien. – Ich kann mich zwar nur schwer fortbewegen, doch ich kenne mich aus in diesem Labyrinth. Von hier aus verzweigen sich die Gänge tausendfach, und ohne Hilfe würdet ihr niemals den rechten Weg finden."

Er nahm seine Wurzeln zu Hilfe, um sich aufzurichten. „Wie ihr seht, bin ich ein Krüppel, und ich komme nur langsam vorwärts. Wenn es euch nicht langweilt, erzähle ich euch, was mir zugestoßen ist…"

„Erzähle, bitte erzähle, Amoth; dann wird uns die Zeit nicht lang werden."

5.

Amoth begann: „Vor gar nicht allzu langer Zeit lebte ich im grünen Wald am Rande der Wüste, unweit der Stelle, an der sich die Wasserfälle in den großen Fluss hinabstürzen.

Ich war ein großer und starker Baum und hatte ein wunderbares Leben. Ich liebte den Wald mit all seinen Pflanzen und Tieren. Ganz besonders aber liebte ich einen wunderbaren blauen Vogel, der mich bisweilen besuchte und mir von der großen weiten Welt erzählte…"

„Nininja!", rief Saratah.

„Ja, Nininja war sein Name. Von ihm erfuhr ich auch von Untu Ulu und von der schrecklichen Gefahr, die allem Leben auf der Erde droht. – Genau wie ihr wollte ich das nicht kampflos hinnehmen. Ich erzählte allen Tieren des Waldes von dem Plan des Ungeheuers. Und weil es immer noch Menschen gibt, die die Sprache der Tiere verstehen, bat ich die Vögel, zu ihnen zu fliegen und sie um Hilfe zu bitten. Untu Ulu hat grausame Rache genommen."

„Was hat der Unhold getan?", fragte Kleiner Stern.

„Untu Ulu hauste einst unter diesem Labyrinth, tief unter der Erde, dort, wo kein Wasser mehr fließt. Doch längst ist er heraufgestiegen ans Tageslicht, um die Welt zu vernichten. Wehe dem, der sich ihm in den Weg stellt! – Als er von unserem Plan erfuhr, hat er sein glühendes Herz geöffnet und den halben Wald in Brand gesetzt. Viele Bäume mussten dabei ihr Leben lassen. Mich aber wollte er vollkommen auslöschen, mit Stumpf und Stiel. Es war ihm nicht genug, mir meinen Stamm, meine Äste und Zweige und Blätter zu nehmen. So riss er meine Wurzeln aus der Erde und warf sie hier in eine dieser Höhlen."

„Aber du bist nicht tot, du bist sehr lebendig", warf Julian ein.

„Ja, Untu Ulu hat einen Fehler begangen. Ich war verbrannt und trotzdem nicht völlig tot. In meinen Wurzeln war noch Leben. Die kleine Quelle hat mir das Leben gerettet, als ich am Verdursten war. Sie hat mir ihr Wasser geschenkt, meine Wunden gekühlt und meinen Durst gestillt.

Ich fragte sie, weshalb sie das tut. Alles, was lebt, hat sie mir darauf geantwortet, wird sich Untu Ulu entgegenstellen. Deshalb wird er niemals siegen, niemals!

Mit der Zeit gewöhnten sich meine Augen an die Dunkelheit. Ich lernte, mich fortzubewegen und irrte durch dieses Labyrinth. Eines Tages stieß ich so auf die Höhle, in der das Ungeheuer die Regenkönigin Modjadij gefangen hält. Wir sind jetzt auf dem Weg dorthin."

„Was aber ist mit Nininja geschehen?", fragte Saratah.

„Nininja wurde von dem heißen Wüstenwind, der sich mit dem Ungeheuer verbündet hat, gefangen genommen Stolz hat der Wind überall verkündet, dass ihr nicht mehr am Leben wäret, dass er euch vernichtet habe. Deshalb ist sich Untu Ulu vollkommen sicher, dass niemals jemand zu seinen Gefangenen vordringen wird. Es hält es nicht einmal für nötig, sie zu bewachen."

„Das ist gut für uns", sagte Julian.

„Ja, das macht uns die Sache leichter. Nininja weiß übrigens, dass ihr am Leben seid, dass ihr dem Sturm entkamt."

„Dann weiß er auch, dass wir ihn befreien werden", sagte Saratah und lächelte.

6.

Je länger sie in dem Labyrinth unterwegs waren, um so ungeduldiger wurde Saratah. Sie wünschte sich Flügel, um vorauszufliegen. Und weil Amoth sich nur äußerst langsam fortbewegen konnte, hob sie ihn schließlich hoch und nahm ihn in ihre Arme. Nun kamen sie schneller voran.

Plötzlich sagte Amoth: „Wir sind gleich da. Seid leise, damit wir Modjadij nicht erschrecken."

Hinter einer Wegbiegung verbreitete sich der Gang erneut, und ein helles Licht schien ihnen entgegen. Es kam aus einer Höhle, in der Tausende von Glühwürmchen umherschwirrten. Auf einem Felsvorsprung am Rande der Höhle aber saß eine reglose Gestalt.

„Das ist sie", flüsterte Amoth.

Modjadij saß da, als würde sie schlafen. Ihre Blicke waren auf Amoth und die Kinder gerichtet, aber sie schien durch sie hindurchzusehen, als seien sei aus Glas. Sie schien sie genau so wenig wahrzunehmen wie den tanzenden Reigen der Glühwürmchen.

Amoth bedeutete den Kindern nochmals, leise zu ein. Vorsichtig traten sie näher, doch die Gestalt vor ihnen zeigte keinerlei Regung.

Saratah hielt vor Aufregung den Atem an. Voller Bewunderung betrachtete sie die Regenkönigin. „Wie schön sie ist", murmelte sie.

Ja, Modjadij war ohne Zweifel wunderschön, wenn auch ihre Haut eine zarte durchscheinende Blässe zeigte. Aus diesem blassen Gesicht leuchteten große grüne Augen, zu denen die langen dunklen Wimpern einen seltsamen Kontrast bildeten. Über ihrem Haar, das wie ein Gespinst aus Sonnenstrahlen über ihren Rücken hinab floss, trug sie einen durchsichtigen Schleier. Gekleidet war die Regenkönigin in ein weites blaugraues Gewand aus schimmernder Seide. Es war genau wie ihr Schleier über und über mit kleinen Diamantsplittern besetzt, die wie Tautropfen in der Sonne glitzerten. Der Saum, unter dem die bloßen Füße hervorschauten, schimmerte in allen Farben des Regenbogens.

Noch immer schien die Regenkönigin die Besucher nicht wahrgenommen zu haben. Ihre Blicke waren starr auf irgendeinen Punkt in weiter Ferne gerichtet.

Julian flüsterte: „Was ist mit der Regenkönigin? Kann sie uns nicht sehen?"

Amoth gab leise zur Antwort: „Sie kann uns sehen und sieht uns doch nicht. Sie ist wach und doch wie in tiefem Schlafe. Sie weiß nicht, wo sie ist und auch nicht, wer sie ist, welche Macht sie hat. Untu Ulu hat sie mit einem Zauber belegt, der all ihre Erinnerungen ausgelöscht hat."

„Das ist ja furchtbar", sagte Kleiner Stern. „Deshalb kann sie auch nicht von hier fliehen."

„So ist es", bestätigte Amoth. „Das Ungeheuer hat sie in sein unterirdisches Reich verschleppt, weil es weiß, dass ihr Leben hier bald verlöschen wird. Ohne Licht und Luft kann Modjadij nicht lange überleben."

„Aber es hat nicht mit uns gerechnet!", sagte Saratah wütend.

„Pst, nicht so laut", flüsterte Amoth erschrocken. Doch seine Sorge war unbegründet; die Regenkönigin saß teilnahmslos da wie zuvor.

„Wir müssen sie mitnehmen, hinauf ans Tageslicht", sagte Saratah. „Wir müssen alles tun, damit sie sich wieder an ihr Leben erinnert. Nur sie kann verhindern, dass sich Untu Ulu die Welt untertan macht." Sie wandte sich an Amoth. „Wird sie mit uns gehen?"

„Ich weiß es nicht. Wir müssen es versuchen."

Saratah ging auf die Regenkönigin zu und ergriff ihre Hände. „Komm mit uns, Modjadij", bat sie leise. Doch die Gestalt vor ihr regte sich nicht.

„Steh auf, du musst mit uns kommen", wiederholte Saratah nun eindringlich mit lauter Stimme. Und da geschah, was sie erhofft hatten: Die Regenkönigin erhob sich. Langsam, ganz langsam, als fiele es ihr unendlich schwer, tat sie einen Schritt auf das Mädchen zu. Ihre Augen aber starrten immer noch ins Leere.

Saratah stieß einen glücklichen Seufzer aus. Sie ließ die Hand der Regenkönigin nicht los und bewegte sich hin zum Ausgang der Höhle. Modjadij ließ sich von ihr mitziehen.

7.

Es war ein seltsamer Zug, der sich, begleitet von einem Schwarm Glühwürmchen, durch das unterirdische Labyrinth bewegte.

Das Licht der Glühwürmchen und das leuchtende Haar des Sternenkindes wiesen ihnen den Weg durch die Finsternis. Julian hatte es übernommen, Amoth zu tragen. Dicht hinter ihnen ging Saratah, die die Regenkönigin an der Hand führte. Immer wieder versuchte sie, mit Modjadij zu reden, doch die sprach nicht ein einziges Wort und lief neben ihr her wie eine Schlafwandlerin.

Die meiste Zeit über schritten sie schweigend dahin. Nur Amoths Stimme unterbrach ab und zu die Stille, wenn er ihnen die Richtung angab, in die sie gehen mussten. Wenn Saratah auch froh war, dass die Regenkönigin mit ihnen ging, so kreisten ihre Gedanken doch immer wieder um das, was Amoth über sie erzählt hatte. Wie nur konnten sie es anstellen, der Regenkönigin ihre Erinnerungen zurückzugeben? Sie war so in Gedanken, dass sie kaum auf den Weg unter ihren Füßen achtete und fast ausgeglitten wäre. Energisch rief sie sich zur Ordnung. Jetzt kam es erst einmal darauf an, ans Licht der Erde zurückzukehren. Vielleicht würde Modjadij dann von selbst zu sich kommen.

Die Wege unter der Erde schienen kein Ende nehmen zu wollen. Manchmal kam es Saratah so vor, als schliefe auch sie mit offenen Augen. Ihre Füße bewegten sich fast ohne ihr Zutun. Doch als Kleiner Stern plötzlich aufgeregt rief: „Dort vorn ist Licht! Dort vorn ist der Ausgang!", war sie wieder hellwach.

Wirklich waren sie an der Stelle angelangt, an der sie die unterirdische Welt betreten hatten. Nun standen sie da und blinzelten hinauf in die milchigweiße Helligkeit. Tief atmeten sie die frische Luft ein, die ihnen entgegenschlug.

Kleiner Stern kletterte als erster hinauf. Dann half er Saratah, Julian und Amoth, ans Tageslicht zu kommen. In banger Erwartung streckte Saratah von oben herab der Regenkönigin beide Hände entgegen.

Eine Minute verging, eine zweite, ohne dass Modjadij sich rührte.

„Bitte, nimm meine Hand, bitte", sagte Saratah. Und endlich hob die Regenkönigin ihre Arme und streckte sie ihnen entgegen.

Die Kinder zogen sie nach oben. Das war nicht schwer, denn Modjadij war leicht wie eine Feder.

Amoth schaute sich mit großen Augen um. „Ich habe nicht gedacht, dass ich die Welt noch einmal sehe", sagte er, und eine Träne rann über sein dunkles Gesicht. Als er sich wieder gefasst hatte, wandte er sich an die Kinder: „Ihr seht müde aus! Bevor wir uns auf die Suche nach Nininja machen, solltet ihr euch ein wenig ausruhen."

Unter einem großen Baum ließen sie sich ins weiche Gras sinken. Julian und Kleiner Stern schliefen sofort ein. Saratah aber konnte aus Sorge um die Regenkönigin kein Auge zutun. Sie saß an ihrer Seite und hielt ihre Hand. Endlich jedoch übermannte auch sie die Müdigkeit, und sie ließ ihren Kopf in Modjadijs Schoß sinken.

Die Kinder wachten nicht auf, als die Nacht hereinbrach, auch nicht, als das Morgenlicht durch den Nebel sickerte. Amoth, der die ganze Zeit über ihren Schlaf bewacht hatte, weckte sie schließlich auf.

„Lasst uns aufbrechen", sagte er, „wir haben noch ein ganzes Stück Weg vor uns. Nininja wird auf uns warten."

8.

So machten sie sich also auf, um Nininja zu befreien. Wieder zeigte ihnen Amoth den Weg.

„Die kleine Quelle hat mir erzählt, wo Nininja gefangen gehalten wird", sagte er. „Sie weiß es von den Glühwürmchen, die in der Nacht hier oben unter den Bäumen tanzen und hinab ins Höhlenreich fliehen, sobald es hell wird. – Es gibt hier in diesem Wald einen Baum, der alle anderen Bäume weit überragt…"

„Wie sollen wir diesen Baum finden, wo sich doch alle Wipfel im Nebel verstecken?", fragte Kleiner Stern.

Doch Amoth war zuversichtlich. „Wir finden ihn schon", sagte er. „Die Quelle hat mir genau beschrieben, an welchem Ort er steht."

Saratah ließ die Hand der Regenkönigin nicht los. Während sie durch den düsteren Wald gingen, versuchte sie wieder mir ihr zu sprechen.

„Du musst dich unbedingt erinnern", sagte sie ihr, „wir brauchen deine Hilfe. Nur du bist imstande, Untu Ulu aufzuhalten."

Sie wusste nicht, ob die Regenkönigin sie hören konnte, ob ihre Worte zu ihr vordrangen. Modjadijs blasses Gesicht sah müde aus, die grünen Augen wirkten wie erloschen. Doch manchmal kam es dem Mädchen vor, als leuchte etwas in ihrem Blick auf, während sie mir ihr sprach. Das gab ihr neue Hoffnung, und sie redete weiter eindringlich auf sie ein.

„Erinnere dich, bitte erinnere dich! Du bist Modjadij, die Regenkönigin, die über alle Wasser der Welt gebietet, über die Wolken, den Regen und den Nebel. Du bist ungeheuer mächtig, du kannst Untu Ulu besiegen."

Immer noch deutete nichts darauf hin, dass die Regenkönigin Saratahs Worte verstand. Kleiner Stern kam ihr zu Hilfe. „Ja, bitte, Modjadij, du musst es wieder regnen lassen! Sonst werden die Flüsse und Seen und sogar die Meere austrocknen, und alles, was lebt, wird zugrunde gehen. Untu Ulu wird die ganze Welt verbrennen und sie sich einverleiben. All das, was wir lieben, was auch du lieb hast, wird sterben."

Sie suchten nach irgend einem Zeichen, nach einer Regung in Modjadijs Gesicht, doch sie suchten vergeblich. Völlig in sich gekehrt schritt die Regenkönigin neben Saratah einher. Auch Julian, der ebenfalls versuchte, sie aus ihrer unnatürlichen Starre zu erwecken, bekam keine Antwort. Er wandte sich an Amoth.

„Sag uns, was wir tun können", bat er ihn.

„Nicht aufgeben, ihr dürft auf keinen Fall aufgeben! Versucht es weiter!"

Saratah war der Verzweiflung nahe. „Modjadij, du kannst doch nicht für immer vergessen haben, wer du bist! Bitte erinnere dich, sonst sind wir alle verloren", flehte sie. „Wir haben die glühende Wüste durchquert, konnten dem heißen Sturm entkommen und sind mit dem Himmelsvogel in das vergessene Land geflogen – alles nur, um dich zu befreien, Modjadij! Ich kann nicht glauben, dass das alles vergeblich gewesen sein soll!"

Sie war stehen geblieben und umschlang nun die Regenkönigin mit beiden Armen. „Du bist frei, Untu Ulu hat keine Macht mehr über dich! Bitte wach auf, wach auf und erinnere dich! Hilf uns!"

Da ging es wie ein Zittern durch die schlanke Gestalt. Saratah blickte auf und sah, dass ihre großen grünen Augen in Tränen schwammen. Ihre Lippen bewegten sich und flüsterten fast unhörbar: „Ich weiß, ich bin Modjadij, ich bin die Regenkönigin… Ich will mich erinnern, aber es ist so… schwer…"

Sie zitterte noch heftiger und sank in die Knie. Saratah schluchzte laut auf. Abermals umarmte sie die Regenkönigin und presste das tränennasse Gesicht an ihre kühle Stirn. „Es ist Untu Ulus böser Zauber, Modjadij. Aber wir sind stärker, du bist stärker als jeder Zauber."

„Ich weiß, ich habe nur so vieles vergessen… Ihr habt mich gerettet, ihr habt mich aus der Dunkelheit zurück ans Licht geholt." Sie fuhr sich mit der Hand über die Stirn, als ob sie aus einem bösen Traum erwache. Ihre Wangen überzogen sich mit einer leichten Röte. Sie richtete sich auf. „Habt ein wenig Geduld mit mir und helft mir, meine Erinnerungen wiederzufinden und den Zauber zu besiegen."

In diesem Moment sagte Amoth: „Das ist der Baum."

9.

Sie standen vor einem Baum, der nicht anders aussah als alle anderen Bäume rings umher. Vielleicht war sein Stamm etwas stärker, aber das machte keinen großen Unterschied. Sein Wipfel versteckte sich irgendwo hinter den dichten weißen Nebeln.

„Das ist der Baum", wiederholte Amoth. „Dort oben ist Nininja gefangen. Der heiße Wüstenwind hat ein Netz über ihn geworfen. Ohne fremde Hilfe kann er sich daraus nicht befreien."

Saratah hatte den Kopf in den Nacken gelegt und spähte nach oben. Aber ihre Blicke konnten den Nebel nicht durchdringen. Da legte sie beide Hände wie einen Trichter an ihren Mund und rief Nininjas Namen, immer und immer wieder. Doch der Nebel verschluckte ihre Stimme.

„Ich steige hinauf. Ich kann gut klettern.", sagte sie

Amoth nickte. „Ich weiß. Trotzdem wird es nicht einfach sein, Nininja zu befreien. Das Netz, das ihn gefangen hält, ist kein gewöhnliches Netz. Der Wüstenwind hat es aus glühenden Fäden geknüpft."

„Ich werde es trotzdem zerreißen", erwiderte Saratah. Sie schickte sich an, den Baum zu erklimmen.

„Warte", sagte da eine Stimme hinter ihr. Es war die Stimme der Regenkönigin. Sie zog den seidenen Schleier von ihrem Haar und reichte ihn dem Mädchen. „Nimm, das wird dir helfen."

Saratah steckte den Schleier ein und begann, flink wie ein Eichhörnchen am Stamm empor zu klettern. Es gab nichts, was ihr vertrauter war, und eine wilde Sehnsucht nach Oana erfasste sie. Sie biss die Zähne zusammen und schluckte ihre Tränen hinab.

Sie musste sehr weit hinaufsteigen. Endlich hatte sie das weit ausladende Blätterdach erreicht. Sie kletterte von Ast zu Ast und bewegte sich sicher und ohne jede Angst. Auch hier oben ließ ihr der Nebel nicht viel Sicht. Deshalb rief sie immer wieder Nininjas Namen. Und als er ihr endlich antwortete, schossen ihr vor Freude die Tränen in die Augen. Doch sehen konnte sie ihren Freund noch immer nicht. „Nininja, wo bist du?", rief sie.

Der Vogel antwortete: „Ich bin hier, über dir, ganz in deiner Nähe. Doch ich bin gefangen in einem Netz aus glühenden Fäden. Wenn du es berührst, wirst du dir die Hände verbrennen."

Saratah folgte seiner Stimme. Endlich entdeckte sie ihren Freund. Ihr Herz klopfte vor Freude so laut, dass sie meinte, er müsse es hören. Sie sah das Netz, das ihren Freund gefangen hielt. Sie streckte die Hand danach aus und zog sie mit einem leisen Aufschrei zurück.

Da fiel ihr Modjadijs Schleier ein. Sie zog ihn hervor und umwickelte ihre Hand damit. Der Schleier war so kalt wie Eis. Er kühlte ihre Wunden und schützte sie davor, sich erneut zu verbrennen. Mit einem kräftigen Ruck riss sie das Netz auseinander. Nininja war frei.

10.

Saratah schloss ihren Freund fest in die Arme. Jetzt ließ sie ihren Tränen freien Lauf. Immer wieder stammelte sie seinen Namen.

„Ist ja gut, mein Mädchen, ist ja gut", flüsterte der Vogel. „Ich wusste, dass ihr mich befreien würdet."

„Stell dir vor, Nininja, wir haben die Regenkönigin gefunden", sagte Saratah. „Wir haben sie tatsächlich gefunden." Ihre Stimme klang so, als ob sie es immer noch nicht glauben könne. „Modjadij war in einem Labyrinth unter der Erde gefangen. Amoth, der Wurzelstock eines verbrannten Baumes, hat uns den Weg zu ihr gezeigt."

Nininjas Augen funkelten vergnügt. „Dann ist ja alles gut."

Saratah schüttelte den Kopf. „Nichts ist gut. Modjadij hat ihre Erinnerungen verloren. Sie hat alles vergessen, was früher war. Sie wusste nicht einmal mehr, wer sie ist."

„Da kann nur Untu Ulu dahinter stecken", sagte Nininja sofort.

Saratah nickte. „Ja, das Ungeheuer ist schuld daran."

„Sie wird sich wieder erinnern. Sie muss sich einfach erinnern!", sagte Nininja. „Wir werden ihr dabei helfen. Wenn wir ihr von den alten Zeiten erzählen…"

Er breitete seine Flügel aus. „Ach, wie lange bin ich nicht mehr geflogen, Saratah! Vielleicht bist du schneller unten angelangt als ich!"

Saratah wischte ihre Tränen ab. Endlich konnte sie wieder lachen. „Das werden wir gleich wissen, Nininja!" Sie machte sich an den Abstieg.

„Ich sehe, dass du das Fliegen nicht verlernt hast", sagte sie, als sie den Boden erreicht hatte und Nininja neben der Regenkönigin sah. Modjadij streichelte immer wieder sein Gefieder. In ihren Augen lag ein eigenartiger Glanz. „Mein lieber Freund, es ist viel Zeit vergangen, seit wir uns das letzte Mal gesehen haben", sagte sie. Nininja neigte sein Haupt. „Weißt du noch? Wir saßen am Rande einer blühenden Wiese unter einem Baum. Die grauen Wolken zogen davon und machten dem blauen Himmel Platz…"

Modjadij nickte. Ein Lächeln erschien auf ihrem Gesicht. „Ich wollte dir eine Freude machen und ließ es von ferne her noch ein bisschen regnen, weil ich dir einen Regenbogen schenken wollte."

Saratah machte große Augen. „Sie erinnert sich", flüsterte sie. Kleiner Stern nickte, und Julian hielt den Atem an.

„Ja", sagte Nininja, „das war wirklich der schönste Regenbogen, den ich je gesehen habe. Der allerschönste."

Er machte eine kurze Pause und fuhr fort: „Und weißt du noch, wie wir zusammen über das große Meer flogen? Ich wollte zurück ins grüne Tal, und du warst unterwegs, um dem Land am Meer Regen bringen…"

Die Regenkönigin runzelte die Stirn. Sie schien nachzudenken. Plötzlich sagte sie: „Natürlich, jetzt fällt es mir wieder ein. Es war ein schrecklich heißer Tag. Menschen und Tiere, Wiesen, Felder und Bäume – alle dürsteten nach Regen."

„Ja, aber jetzt warten sie seit langem vergeblich auf dich, Modjadij. Mancherorts herrscht schon große Not…"

„Ich konnte ihnen nicht helfen, ich war viel zu müde. Ich war irgendwo im Dunkeln eingeschlafen, und dann wurde es nie wieder hell… Was war das nur für ein furchtbarer Ort, an dem ich war? Was war mit mir geschehen?"

Saratah antwortete ihr: „Du warst gefangen, in einer Höhle tief unter der Erde. Untu Ulu hat dich dorthin verschleppt. Doch wie sich das zugetragen hat, wissen wir nicht."

Modjadij fuhr mit der Hand über ihre Augen. „Ich erinnere mich an Untu Ulu. Ich habe ihn gesehen, als er die Welt betrat. Doch ich hatte keine Furcht vor ihm und dachte, er könne mir nicht gefährlich werden und der Welt erst recht nicht. Er wollte sich mit mir treffen, um Frieden zu schließen. Aber was dann geschehen ist, weiß ich nicht mehr."

„Quäle dich nicht, das ist nicht so wichtig", sagte Nininja. „Wichtig ist, dass wir dich gefunden haben. Jetzt müssen wir dem Unhold endgültig das Handwerk legen, bevor er die ganze Welt zugrunde richtet."

„Steht es so schlimm?", fragte Modjadij.

Nininja nickte.

„Dann müssen wir uns beeilen."

11.

Sie machten sich auf den Rückweg. Nininja flog voraus. Er würde am Wasserfall auf sie warten.

Die Kinder erinnerten sich noch gut, wie mühselig ihr Weg gewesen war, wie lange sie nach dem Eingang des unterirdischen Verlieses gesucht hatten. Sie wunderten sich, dass sie jetzt so leicht vorwärts kamen.

„Es ist nicht so weit, wie ihr glaubt", sagte Amoth. „Wahrscheinlich seid ihr bei eurer Suche immer im Kreise gelaufen."

Sie waren noch nicht lange unterwegs, da stießen sie auf den großen Fluss. Sie gingen an seinem Ufer entlang und konnten bald den Lärm des tobenden Wassers hören.

Nininja erwartete sie schon. Wieder waren sie fasziniert von der Gewalt und der Schönheit der herabstürzenden Wassermassen. Und wieder schien das gegenüberliegende Ufer unerreichbar fern.

„Wenn doch jetzt der weiße Himmelsvogel käme und uns hinübertragen würde", seufzte Julian.

„Ja", sagte Kleiner Stern, „vielleicht sollte Saratah noch einmal Jaguras Lied singen."

„Wir kommen auch ohne den Himmelsvogel hinüber", sagte die Regenkönigin. „Ich habe die Macht über alle Wasser der Welt. Ich habe die Macht, das Wasser anzuhalten."

„Diesen Wasserfall und den Fluss?", fragte Saratah ungläubig.

Modjadij nickte. Sie trat dicht an den Abgrund und breitete ihre Arme weit aus. Von einer Sekunde zur anderen legte sich das Brausen und Tosen. Nach dem Willen der Regenkönigin stand das Wasser still. Die Nebelschleier lichteten sich, und sie sahen, wie tief die Schlucht war.

Saratah machte große Augen. „Da hinab müssen wir?"

„Es sieht schlimmer aus als es ist", antwortete die Regenkönigin. „Ich werde vorangehen. Folgt mir und fürchtet euch nicht."

So stiegen sie hinab in den Abgrund. Es war nicht so schwierig, wie sie gedacht hatten, denn die Steine, die der Wasserfall verborgen hatte, waren wie Treppenstufen, auf denen sie leicht hinabsteigen konnten. Bald kamen sie wohlbehalten in dem steinigen Flussbett an, in dem jetzt kein einziger Tropfen Wasser floss.

Der Nebel hatte sich ganz zurückgezogen, und voller Freude sahen sie die ersten Sonnenstrahlen am blauen Himmel. Nun machten sie sich daran, das andere Ufer zu erklimmen. Hinter ihnen setzte das Tosen und Brausen des Wassers wieder ein.

Die ersten Bäume am Waldrand begrüßten sie wie alte Freunde. Nininja, der vorausgeflogen war und hier auf sie gewartet hatte, bat sie, ihm dorthin zu folgen, wo das Feuer gewütet hatte. „Ich muss euch unbedingt etwas zeigen", sagte er.

Wie beim ersten Mal ging den Kindern der Anblick des zerstörten Waldes nahe. Modjadij aber stieß einen lauten Schrei aus und schlug die Hände vor ihrem Gesicht zusammen. Sie schluchzte und zitterte am ganzen Körper.

Als sie sich endlich wieder gefasst hatte, trocknete sie ihre Tränen und sagte: „Jetzt kann ich mich wieder erinnern, jetzt weiß ich, was geschehen ist. Genau hier an dieser Stelle hat sich alles zugetragen. Untu Ulu hatte den Wüstenwind nach mir ausgesandt. Er rief mich zu einem Wald, der in Flammen stand und bat mich, das Feuer zu löschen. Dass der Unhold selbst diesen Brand gelegt hatte, um mich in eine Falle zu locken, ahnte ich nicht.

Ich schickte Regen herab, der den Brand löschte. Auf einmal erschien Untu Ulu und bedankte sich bei mir. Ich war entsetzt und erschrocken, als ich seine fürchterliche Gestalt erblickte. Ich hatte ihn ja schon einmal getroffen, als er von mir verlangte, es dürfe keinen Regen mehr geben. Damals war er nichts weiter als ein kleiner Erdklumpen, vor dem man sich nicht fürchten musste.

Er muss mein Entsetzen gespürt haben und sagte, ich müsse keine Angst vor ihm haben. Er würde die Welt wieder verlassen und unter die Erde zurückkehren. So könnten wir friedlich nebeneinander leben.

Ich war sehr erleichtert und verabschiedete mich von ihm. Doch als ich mich auf den Heimweg machte und über die rote Wüste flog, kam ein fürchterlicher Sturm auf. Er wirbelte den Sand auf und trug ihn bis in den Himmel hinauf. Ich konnte nichts mehr sehen, nicht mehr atmen. Dann muss ich wohl abgestürzt sein…"

Sie richtete sich stolz auf. „Untu Ulu, eins verspreche ich dir: Die längste Zeit hast du dein Unwesen getrieben!"

Als sie nun über die verbrannte Erde gingen, sahen sie, dass sich frische grüne Triebe ihren Weg durch die schwarze Asche gesucht hatten und sich dem Licht entgegenreckten. Der verbrannte Wald würde zu neuem Leben erwachen.

„Das wollte ich euch unbedingt zeigen! Ist das nicht wunderbar?", frohlockte Nininja.

Saratah sah ihn lächelnd an.

Amoth vergoss Freudentränen. „Seht doch, Untu Ulu hat den Wald nicht bezwungen!" Nach einer kurzen Pause setzte er hinzu: „Und auch ich werde wieder leben."

„Aber du lebst doch, Amoth", sagte Kleiner Stern.

„Das ist nicht mein wahres Leben", antwortete Amoth. „Meine Wurzeln sehnen sich nach der Erde. Ich habe eine Bitte an euch: Grabt hier an dieser Stelle ein Loch und legt mich hinein."

„Es soll so geschehen, wie du es wünschst", sagte die Regenkönigin. „Ich werde dich begießen, damit du wachsen und Blätter treiben kannst. Eines Tages wirst du wieder ein großer und starker Baum sein, größer und schöner als zuvor."

Sie gruben gemeinsam ein großes Loch und legten Amoth hinein. Traurig nahmen die Kinder Abschied von ihm. Er aber sagte: „Nein, nein, ihr müsst nicht traurig sein. Ich werde immer an euch denken, solange ich lebe. Deckt mich jetzt mit Erde zu und gebt Acht, was geschieht. Dann werdet ihr wissen, dass ich am Leben bin. Dann werdet ihr wissen, dass Untu Ulu niemals siegen kann."

Sie bedeckten seine Wurzeln mit Erde. Modjadij warf ihren seidenen, mit Diamantsplittern besetzten Schleier hoch in die Luft. Da lösten sich ein paar dieser Splitter, wirbelten durch die Luft und flogen zum Himmel hinauf. Dort verwandelte sich jeder einzelne Diamantsplittern in eine Regenwolke. Sekunden später schon begann es über dem verbrannten Wald zu regnen. Als sich aber der Regen verzogen hatte, kam die Sonne wieder hervor und wärmte die feuchte Erde mit ihren Strahlen.

Die Nacht verbrachten sie im Schutz des grünen Waldes. Ehe sie am anderen Morgen weiterzogen, gingen sie noch einmal zurück zu der Stelle, an der sie den Wurzelstock begraben hatten. Regen und Sonne hatten das ihre getan und einen starken Trieb aus der verbrannten Erde hervorgezaubert. Er trug frische Knospen.

Die Kinder freuten sich. „Es ist wie ein Wunder", sagte Julian. Modjadij nickte. Und als nun ein Sonnenstrahl die Knospen streichelte, öffneten sie sich, und wunderschöne zartgrüne Blätter kamen zum Vorschein. Nun waren sie sicher, dass aus dem verbrannten Stumpf

wieder ein großer und starker Baum werden würde –
wie Amoth es sich gewünscht hatte.

12.

„Ich wünschte, ich könnte bald wieder zu Hause im
grünen Tal bei Oana sein", sagte Saratah, als sie sich
wieder auf den Weg machten. Ihre Sehnsucht war riesengroß. Sie dachte an den weiten Weg durch die rote
Wüste und seufzte.

Modjadij spürte, was in ihr vorging und sagte: „Sei
ohne Sorge, Saratah. Du wirst schneller wieder zu Hause sein, als du es für möglich hältst."

Saratah wunderte sich. Hatte Modjadij ihre Gedanken
erraten?

Die Regenkönigin fuhr fort: „Mit Untu Ulus Herr-
schaft ist es bald vorbei, dafür werde ich sorgen. Er wird
die Welt nicht mehr länger in Angst und Schrecken
versetzen. Auch mit seinem Freund, dem Wüstenwind,
werde ich abrechnen. Er wird nie wieder jemandem
etwas zuleide tun."

„Dann müssen wir keine Angst mehr haben, wenn
wir durch die rote Wüste gehen?", fragte Kleiner Stern.

„Nein, das müsst ihr nicht", antwortete die Regenkönigin und lächelte. „Euer Weg wird diesmal viel leichter
sein, das verspreche ich euch." Sie winkte mit der Hand.
„Kommt her zu mir, Kinder!"

Sie schloss die drei in ihre Arme und sagte: „Wie viele Gefahren und Strapazen habt ihr auf euch genommen, um mich zu befreien! Die ganze Welt müsste sich bei euch bedanken! Doch da es nur wenige sind, die von euch wissen, nehmt meinen Dank dafür an."

Sie öffnete ihre Arme und verneigte sich vor den Kindern. „Ich werde jetzt meine Boten aussenden, damit sie nach dem Unhold suchen", sagte sie. „Es wird nicht lange dauern, bis sie ihn gefunden haben."

„Deine Boten?", fragte Saratah verwundert.

Modjadij lächelte. „Seht her", sagte sie. Sie stampfte mit ihren bloßen Füßen auf den Boden. Da zuckten grell leuchtende Blitze empor und flogen zum Himmel hinauf. Dann nahm sie den seidenen Schleier nochmals von ihrem Haupt und war ihn dreimal in die Luft. Wenige Minuten später war der Himmel von dicken grauen Regenwolken bedeckt. Nun streckte die Regenkönigin beide Arme aus, drehte ihre Handflächen nach oben und blies sacht darüber hin. In Sekundenschnelle erhob sich ein stürmischer Wind. Er fuhr zum Himmel hinauf und jagte die Wolken vor sich her.

„Findet Untu Ulu!", rief ihnen die Regenkönigin nach. Dann wandte sie sich zu den Kindern. „Ich muss mich jetzt von euch verabschieden", sagte sie. „Meine Gehilfen werden Unhold bald aufgespürt haben. Ich muss mich eilen und ihnen hinterher fliegen. Nicht einen Tag länger soll er sein Unwesen treiben, das verspreche ich euch. – Ihr aber könnt ohne Sorge in euer grünes Tal zurückkehren. Bestimmt sehen wir uns eines Tages dort wieder."

Sie griff nochmals nach ihrem Schleier und schüttelte ihn, bis einige Diamantsplitter in ihre Hand fielen. Sie reichte sie den Kindern. „Für den Fall, dass ihr dringend Regen braucht und ich nicht in der Nähe sein sollte", sagte sie. „Ihr wisst ja, wie ihr sie zu gebrauchen habt."

Sie umarmte Nininja und die Kinder ein letztes Mal. Dann griff sie nach einem Zipfel ihres weiten seidenen Kleides und drehte sich mehrmals um ihre eigene Achse. Wieder erhob sich ein Wind. Er wirbelte ein paar Mal um Modjadij herum, und ehe die Kinder es sich versahen, hatte er sie hoch in die Lüfte gehoben. Sie schauten ihr nach und sahen, wie sie höher und immer höher empor flog, bis sie die Wolken erreicht hatte, die jetzt den ganzen Himmel bedeckten. Und mit einem Mal fing es zu regnen an, so wie es schon lange nicht mehr geregnet hatte. Es war, als hätte der Himmel seine Schleusen geöffnet, als hätte er nur darauf gewartet, dass jemand die Schleusentore aufschloss. Die Bäume des Waldes atmeten auf und streckten ihre Zweige dem Himmel entgegen, als wollten sie jeden einzelnen Regentropfen auffangen. Die Blätter glänzten in einem satten Grün, und die Luft war erfüllt von einem wunderbar frischen Duft.

Saratah hob ihr Gesicht dem Himmel entgegen. Das Wasser rann in Strömen an ihr herab, und sie genoss jeden einzelnen Tropfen. „Mehr, mehr!", rief sie zum Himmel hinauf. „Lass es noch mehr regnen, bitte!"

Mit ausgestreckten Armen drehte sie sich im Kreise. „He, Julian, Kleiner Stern, ist das nicht herrlich? Nininja hatte Recht, als er sagte, dass man immer hoffen müsse!"

„Es ist wie ein Wunder", antwortete Julian, „ich habe gar nicht mehr gewusst, dass Regen so schön sein kann." Aber so recht von Herzen freuen, so wie Saratah sich freute, konnte er sich nicht. Da war ein Gedanke, der ihn unruhig machte.

Er wandte sich seinem Freund zu und fragte: „Kleiner Stern, was wirst du jetzt tun, wenn es wieder regnet auf der Welt und das Ungeheuer besiegt sein wird? Wirst du wieder in den Himmel zurückkehren, zu deinem alten Platz? Wirst du dich wieder in ein Stern verwandeln?"

Kleiner Stern schüttelte den Kopf. „Ich kann nicht zurück, selbst wenn ich es wollte. Aber ich will es gar nicht, ich habe keine Sehnsucht nach dem Himmel und nach den Sternen. Man ist sehr einsam dort oben in der Kälte und der Dunkelheit.

Hier auf dieser schönen Erde, die ich lieb gewonnen habe, sind meine Freunde. Ich möchte mit dir, Saratah und Nininja ins grüne Tal zurückkehren und dort mit euch leben – wenn ich darf."

„Dann ist es ja gut", sagte Julian und sah sehr erleichtert aus. „Das ist es, was auch ich mir wünsche."

Saratah tanzte noch immer mit den Regentropfen. Sie wusste sich vor Glück kaum zu fassen. Nininja brachte sie in die Wirklichkeit zurück, als er sagte: „Wir sollten uns jetzt auf den Heimweg machen. Ich werde wieder vorausfliegen und euch führen. Ich schwöre euch, dieses Mal wird mir kein Wüstenwind etwas anhaben."

Saratah nickte. „Ja, machen wir uns auf den Weg. Ich habe große Sehnsucht nach dem grünen Tal, und der Weg dorthin ist noch weit."

Als sie den Wald verließen und das Reich der roten Wüste betraten, bot sich ihnen ein atemberaubendes Bild:

Der Regen, der noch immer sacht hernieder strömte, hatte die im Sand schlummernden Samen aufgeweckt, die der Wind einst in die Wüste getragen hatte. Sie hatten viele Jahre gewartet, bis der Regen gekommen war und sie keimen, wachsen und blühen ließ.

So war die tote Wüste über Nacht zum Leben erwacht und hatte sich in eine blühende Landschaft verwandelt. Die Blumen der Wüste blühten in allen Farben: rot und weiß, gelb, blau und violett und verströmten einen wunderbaren Duft. Bis zum Horizont hin, soweit man sehen konnte, reichte der dichte Blütenteppich.

Vorsichtig, als könne sie es immer noch nicht glauben, berührte Saratah die Blüten mit ihren Händen. Endlich wandte sie sich an die beiden Jungen, die ihr lächelnd zuschauten. „Julian, Kleiner Stern, – kommt, gehen wir nach Hause!"

127 Seiten, illustriert, Hardcover
Preis: 9,70 €
ISBN 3-936084-56-6

Tippitu ist erst vor kurzem nach Torswald gezogen und glücklich, dass sie in Max einen Freund gefunden hat. Auch Max ist froh, denn mit einer Freundin wie Tippitu ist das Leben endlich nicht mehr langweilig.

Aber zu Tippitus Geburtstag ereignen sich merkwürdige Dinge – und obwohl Max versprechen musste, sich nicht zu wundern, wundert er sich natürlich doch. Die Antwort, die er auf seine Fragen bekommt, verblüfft ihn vollständig: Tippitus schöne Mama soll eine Hexe sein, und ihre Oma auch?

Verena Zeltner erlernte einen kaufmännischen Beruf und schloss ihr Studium als Dipl.-Wirtschafts-Ingenieur (FH) ab. 1999 wurden ihre ersten Bücher veröffentlicht. Seit 2006 arbeitet sie als freiberufliche Kinder- und Jugendbuchautorin. 2009/2010 wurde sie mit Stipendien der Kulturstiftung Thüringen und des Thüringer Kultusministeriums ausgezeichnet.

Verena Zeltner lebt in Neunhofen (Neustadt an der Orla), einem kleinen Dorf in Ostthüringen.

www.verena-zeltner.de